Naturerlebnis Baden-Württemberg

Naturerlebnis Baden-Württemberg

Landschaft – Pflanzen – Tiere

von Ottmar Engelhardt,
Ernst Waldemar Bauer, Joachim Genser, Werner Gotthard,
Birgit Hüttl, Gerhard Hüttl, Herbert Lange,
Rainer Oppermann, Juliane Prinz, Reinhard Wolf

THEISS

Die Deutsche Bibliothek – CIP-Einheitsaufnahme

Naturerlebnis Baden-Württemberg :
Landschaft – Pflanzen – Tiere / Ottmar Engelhardt.
Mit einer Einf. von Ernst Waldemar Bauer
und Beitr. von Joachim Genser, Werner Gotthard,
Birgit Hüttl, Gerhard Hüttl, Herbert Lange, Rainer
Oppermann, Juliane Prinz, Reinhard Wolf –
Stuttgart : Theiss, 1997
ISBN 3-8062-1226-0

Umschlaggestaltung: Neil McBeath, Stuttgart
unter Verwendung einer Aufnahme von Joachim
Feist, Pliezhausen (Randecker Maar) und einer
Aufnahme von Ottmar Engelhardt (kleines Bild:
Kuckuckslichtnelke).

Lektorat: Bärbel G. Renner, Tübingen
Layout: Günter Stahl, Horb-Nordstetten

Druck: Grafische Betriebe Süddeutscher Zeitungs-
dienst, Aalen
Printed in Germany
ISBN 3-8062-1226-0

Inhalt

Seit fünfzig Jahren fünf vor zwölf

Natur – was ist das?

Nur ein Rest. Natur, das ist Wald und Heide, Bach und Teich, Fels und Meer. Natur sehen wir am liebsten ungebändigt, vom Menschen unverändert: Wälder, Flüsse und Bäche im Urzustand. Das gibt es, wenn auch selten, selbst noch bei uns.
Ein paar Hektar Bannwald im Federseeried, am Albtrauf und am Oberrhein, der Fichtenbestand in einer Karmulde im Schwarzwald, der Kiefernwald als Saum um ein Höhenmoor. Doch so unberührt, wie es scheint, sind selbst solche Gebiete nicht, und sei es nur, daß durch den Wind Staub von den Straßen, Dünger und Pestizide von den Feldern eingeweht werden. Ein sensibles Gleichgewicht, das selbst vom Staub gestört wird. Ein Beispiel nur:

Seen sind geologisch gesehen »Eintagsfliegen«. Sie verlanden alle im Laufe der Zeit: die Karseen im Schwarzwald ebenso wie die Seen in vulkanischen Kratern auf der Alb oder in der Eifel.

In extremen Lebensräumen wie den trockenen Felswänden können sich seltene Pflanzen und Tiere erhalten. Dort sind sie ungestört.

Der Stickstoffeintrag aus der Luft macht den Orchideen, den Schönen im Wald und auf der Heide, das Leben schwer. Sie kommen selbst mit nährstoffarmen Böden zurecht, weil sie sich im Wurzelbereich mit stickstoffbindenden Pilzen zusammentun. Diesen Vorteil verlieren sie jedoch, sobald die konkurrierenden Pflanzen aus der Luft gedüngt werden.

Leben im Kulturraum. Natur kann man als den gesamten, vom Menschen mehr oder weniger geprägten Kulturraum begreifen, zu dem nicht nur Wald, Wiese und Ackerfeld gehören, sondern selbst die unnütze Platanenallee in der Großstadt, die ohnehin am Tropf des Gartenbauamts hängt.

Jeder Pflanzenkübel, jeder Blumentopf auf dem Fensterbrett, selbst die kleinste Lücke zwischen den Pflastersteinen bietet Flechten, Moosen und trittfesten Kräutern Platz. Die Pflanzen bilden zusammen mit winzigen Tieren – Einzellern, Würmern, Insekten, Spinnen und Asseln – ein eigenes Lebensgefüge.

Daß Tauben die Städte lieben, ist wohlbekannt, daß Falken über den Dächern kreisen, gehört schon zum gewohnten Bild. Ratten und Mäuse darf man in der Stadt vermuten. Waschbären und Füchse stöbern die Mülleimer durch. Sie alle bevölkern einen Lebensraum, von dem der Mensch meint, er gehöre ihm alleine.

Auf flachen Dächern läßt man wieder Mauerpfeffer und Blaugras wachsen. Es entwickelt sich eine Lebensgemeinschaft ähnlich der auf einem Felskopf. Die Temperaturschwankungen sind groß. Trockenheit und überraschende Nässe wechseln sich ab. Nährstoffe sind äußerst knapp. Die Liebe zu den lebenden Dächern wird belohnt: Wahre Hummelwiesen entstehen über den Kunststoffplanen, die die Flachdächer abdecken, wenn nur der richtige Wurzelgrund für Gräser und genügsame Kräuter da ist. Steht dann noch ein Hummelkasten als Nistgelegenheit auf dem Dach oder ein dicker Ast mit vielen Löchern als Nistplatz für Wildbienen, entwickeln sich sogar in engen Häuserzeilen Oasen mit einer Mannigfaltigkeit, von der man auf dem grünen Rasen nur träumen kann. Es gibt sie also doch, die Natur mitten in der Stadt. So schön und nützlich die kleinen Angebote aber sind, nur die großen ungestörten Naturräume sind auf Dauer in der Lage, die Vielfalt der Arten zu bewahren.

Natur und Unnatur. Der Neckar zwischen Schleusentoren und Spundwänden ist wie eingesargt. Den Charakter eines Flusses hat er verloren. Steilgeböschte, geradegezogene Ufer und zwei Pappelalleen neben den asphaltierten Spazierwegen dienen allenfalls der Optik. Der Fluß im Prokrustesbett ist nicht mehr als ein Kanal zum Zwecke des Gütertransports und der geordneten Ab- und Hochwasserabfuhr. Aber landauf, landab bemühen sich immer mehr Bürger darum, den Bächen und Flüssen einen Teil ihrer alten Freiheit wiederzugeben, ihren Lauf von Fesseln zu befreien und sie wenigstens ein Stück weit sich selbst zu überlassen. Altwässer werden nicht mehr aufgefüllt, sondern nachgebaggert. Das heißt aber: Selbst den befreiten Fluß überlassen wir nicht gerne sich selbst, sondern versuchen ihn zu gestalten. Dies ist verständlich, wenn man bedenkt, daß die völlige Freiheit nicht zur Wiederherstellung eines geliebten Bildes führen würde. Sehr schnell wäre nämlich der Wald überall. Die Älteren erinnern sich: Selbst in den Trümmern der von Bomben zerstörten Städte wuchsen die Bäume. Der Wald kam viel rascher zurück, als man erwartet hatte. Dreißig Jahre reichen in unserem Klima aus, um einen Trümmerhaufen mit Wald zu überziehen.

Wald wäre ohne den ständigen Eingriff des Menschen die bestimmende Pflanzengesellschaft; Laubwald zumeist, nur in den höheren Lagen von Nadelhölzern durchmischt. Allenfalls die höchsten Erhebungen im Land wie der Gipfel des Feldberges wären waldfrei, dazu einige Sand- und Kiesinseln, frischer Uferabbruch und die Felsköpfe. Unsere geliebte, vielfältige Naturlandschaft ist daher weniger das Ergebnis einer natürlichen Entwicklung, als vielmehr die Folge der gestaltenden Land- und Forstwirtschaft.

Der große Wandel. Als gegen Ende der letzten Kaltzeit, der Würmeiszeit, vor etwa 10 000 Jahren, das Eis des Rheingletschers im Alpenvorland abgeschmolzen war und auch die kleineren Gletscher aus den Mittelgebirgen verschwunden waren, kam der Wald wieder. Birke und Hasel stellten sich als erste ein, dann Weide und Kiefer, schließlich folgten Ahorn und Buche. Als es vor 4 000 Jahren dann wieder feuchter und kühler wurde, setzte sich die Rotbuche als beherrschender Baum durch. In den besonders niederschlagsreichen Gebieten des Schwarzwalds und der Südwestalb sowie auf der Ostalb und im Schwäbisch-Fränkischen Wald faßte neben der Buche die Tanne Fuß.
Nur in besonders exponierten Lagen wie auf den Felsköpfen und an den steilen Talrändern haben sich Relikte der kaltzeitlichen Steppe erhalten. Viele besonders auffällige und schöne Pflanzen, zu denen Orchideen, Ackerwildkräuter, Klatschmohn, Kornblume und Rittersporn zählen, kamen erst später. Sie hatten eine Chance, als der Mensch in den wärmeren Perioden der Nacheiszeit den Wald zugunsten einer steppenähnlichen Weide und der Felder zurückgedrängt hatte. Vor etwa 6 000 Jahren kamen die ersten Bauern und Viehzüchter ins Land. Auf den trockenen Hochebenen der Alb und in den Lößgebieten ließen sich Bandkeramiker nieder, wie man sie nach den bandartigen Linienmustern ihrer verzierten Töpfe nennt.
In den Jahrtausenden danach entwickelten die Ackerbauern die Technik der Bodenkultur ständig weiter. Metallgeräte traten an die Stelle von Steinwerkzeugen. Bis tief in die Mittelgebirge hinein wurde gerodet und gesiedelt. Im Mittelalter drängten die landhungrigen Bauern den Wald bis in die unfruchtbarsten Gebiete zurück. Was von ihm blieb, wurde stark genutzt: als Jagdrevier, als Holz-, Kohle-, Honig-, Wachs-, Beeren- und Pilzlieferant sowie als Waldweide.
Im Vergleich zu den landschaftsverändernden Maßnahmen unserer Zeit war jene Landnahme jedoch umkehrbar. Viele Siedlungsplätze der Römer, die kaum weniger Ackerfläche rodeten als die mittelalterlichen Bauern, sind fast spurlos im nachgewachsenen Wald verschwunden. Nach dem Dreißigjährigen Krieg überwucherte der Wald die von Menschen verlassenen Weiler und Dörfer.
In jüngster Zeit erfolgte dann eine grundlegende Umgestaltung der Naturlandschaft. Eine immer größer werdende Fläche Baden-Württembergs wird durch Wohnbauten, Industrie- und Verkehrsanlagen und nicht zuletzt durch Sportplätze versiegelt. Die Fläche der Naturschutzgebiete nimmt

In der Donauniederung bei Riedlingen fließt Wasser aus einer Kiesgrube in eine Mulde der Talaue. Schon nach wenigen Jahren stellte sich hier die ganze Vielfalt der Pflanzen- und Tierwelt wieder ein.

Die Baggerseen im Neckartal bei Wernau erinnern an die alte ungebändigte Flußlandschaft. Die vierspurige Schnellstraße verläuft erfreulicherweise am Talrand. Die Lärmkulisse wird von der Vogelwelt toleriert.

dagegen nur 1,7 Prozent des Landes ein. Damit liegt Baden-Württemberg unter dem Bundesdurchschnitt. Immer neue Großprojekte »auf der grünen Wiese« verbrauchen Landschaft und damit Natur auf Generationen hinaus. Diese Entwicklung hat zunehmend alle Regionen erfaßt, insbesondere das billige, weil ehemals hochwassergefährdete Land in den Talauen, längst aber auch die fruchtbarsten Böden im Gäu und im Albvorland, sogar die Hochfläche der Alb ist gefährdet.

Natur- und Landschaftsräume in Baden-Württemberg

Wenigstens fünf Großlandschaften lassen sich in Baden-Württemberg unterscheiden, wobei jede dieser Landschaften in sich vielfach weiter gegliedert werden kann:

Die Oberrheinische Tiefebene. Ein großer Teil des Landes Baden liegt im Tiefland am Rhein. Diese auffällige Einsenkung zwischen den Vogesen und dem Pfälzer Wald im Westen und dem Schwarzwald und dem Odenwald im Osten zieht sich in einer durchschnittlichen Breite von 35 Kilometern über 300 Kilometer vom Schweizer Jura bis zum Taunus.
Die Oberrheinische Tiefebene hat sich als Grabenbruch in einem Zerrungsbereich der Erdkruste entwickelt. Seit dem älteren Tertiär senkte sich das Grabeninnere gegenüber den östlich und westlich aufsteigenden Randgebirgen mehr als 5 000 Meter tief ein. Dabei zerbrach die Erdkruste im Inneren des Grabensystems in viele Teilschollen. Meeres- und Seeablagerungen, vor allem aber Schotter und Sand, die die Flüsse von den Randgebirgen und aus den Alpen brachten, füllten den Oberrheintalgraben auf.

Schwarzwaldvorberge. Wo die Schollen westlich des Schwarzwaldes nicht vollständig abgesunken sind, bilden sie, wie der Isteiner Klotz, die Vorberge bei Mühlheim oder der Tuniberg, die Schwarzwaldvorberge und mildern so den jähen Absturz des Schwarzwalds am Grabenrand. Aus den tiefreichenden Spalten zwischen den Bruchschollen stieg mancherorts glutflüssiges Magma auf und bildete Vulkane. Das Bergland des Kaiserstuhls nordwestlich von Freiburg entstand auf diese Weise. Es überragt die Ablagerungen in der Tiefebene bis heute. Das Thermalwasser, das die heißen Quellen von Baden-Baden, Badenweiler und anderen Badeorten am westlichen Schwarzwaldrand speist, ist Grundwasser, das aus den Klüften der Bruchschollen aus bis zu 2 000 Meter Tiefe aufsteigt.
Je höher die Randgebirge herausgehoben wurden, um so stärker wurden sie auch abgetragen, zumal sich das Gefälle zum Graben hin ständig verstärkte und so den Bächen und Flüssen eine gewaltige Erosionskraft verlieh. In manchen Zeitabschnitten erfolgte die Absenkung rascher als die Aufschüttung. Dann drang das Meer in diesen Graben ein. Zeitweise führte eine Meeresstraße zwischen dem Nordmeer und dem Mittelmeer durch den Oberrheintalgraben. Mergel und Kalk wurden damals abgelagert, außerdem Gips, Steinsalz und Kalisalz. Derzeit liegt die Oberrheinische Tiefebene bei Mannheim rund 100 Meter über dem Meer. Das Klima am Oberrhein ist mild. Wo es Löß gibt, sind die Böden besonders fruchtbar und erlauben den Anbau von Wein und Tabak. Wald gibt es fast nur noch in den Rheinauen.

Schwarzwald und Odenwald. Die beiden Mittelgebirge bestehen im Kern aus Grundgebirge. Ein Teil dieses Grundgebirges wird von Gesteinen gebildet, die in großer Tiefe, unter hohem Druck und bei hoher Temperatur zu grobschiefrigem Gneis umgewandelt wurden.

Der Südschwarzwald besteht in einem Halbkreis von etwa 30 Kilometern um Freiburg im wesentlichen aus Gneis. Auch der Feldberg mit 1493 Meter Meereshöhe zählt zum Gneisgebiet. Später drangen aus der Tiefe gewaltige Glutflußmassen in den Gneis ein. Aus diesem Eruptivgestein, Granit genannt, sind mächtige Massive im östlichen Südschwarzwald und in der Triberger Gegend aufgebaut. Auch der mittlere Schwarzwald im Bereich der weniger stark herausgehobenen Kinzigmulde und der Unterbau des Nordschwarzwalds bestehen aus Gneis.

Der Nordschwarzwald ist von 200 – 300 Meter mächtigen, roten Sandsteinschichten aus der Triaszeit bedeckt. Dieser Buntsandstein erreicht bei der Hornisgrinde eine Meereshöhe von 1164 Metern. Im Gegensatz zum Grundgebirgs-Schwarzwald im Süden mit seinen weichen, abgerundeten Formen kennzeichnen den Buntsandstein-Schwarzwald schroffere Formen. Die Hochflächen werden von engen, tiefen Tälern bis in das Grundgebirge hinein zerschnitten und in Tafelberge zerlegt. Die Täler verleihen dem Nordschwarzwald letztlich seinen Hochgebirgscharakter. Während der Eiszeit entstanden bevorzugt an den Nordosthängen eiserfüllte Karmulden, in denen sich später Seen bildeten. Der Wildsee, der Mummelsee und im Südschwarzwald der Feldsee sind Beispiele dafür.

Im Odenwald, soweit er zu Baden-Württemberg gehört, ist das Grundgebirge ebenfalls von Buntsandstein überlagert. Der höchste Berg allerdings, der 626 Meter hohe Katzenbuckel, wird von der harten basaltischen Schlotfüllung eines Vulkans, der 66 Millionen Jahre alt ist, gebildet. Er überragt den Buntsandstein. Etwas tiefer, am Westabfall des Odenwalds, tritt ein anderes vulkanisches Gestein, der Porphyr, zutage. Er entstand während der Permzeit und ist somit älter als der Buntsandstein. Berühmt sind die roten Wände der Porphyrbrüche bei Dossenheim. Der Neckar hat den südlichsten Teil vom Odenwald abgetrennt. Der bekannteste Berg dieses Kleinen Odenwalds ist der 566 Meter hohe Königstuhl bei Heidelberg. Der Spessart bestimmt mit Buntsandstein und hohen Steinbruchwänden die steilen Talhänge des Mains bei Wertheim.

Das Südwestdeutsche Schichtstufenland. Diese Landschaft umfaßt den größten Teil unseres Landes. Im Schichtstufenland wurden die Schichten im Zusammenhang mit der Hebung des Schwarzwalds und der Alpenbildung schiefgestellt, verbogen und zerbrochen. Mit einem durchschnittlichen Gefälle von etwa ein Prozent fallen die Schichten – Sandsteine, Kalksteine, Mergel und Tone – nach Südsüdosten ein. Da sie gegenüber den Kräften der Abtragung, vor allem der zerstörenden Wirkung des Wassers, unterschiedlich widerstandsfähig sind, bildeten sich im Laufe der Jahrmillionen Stufen und Flächen aus. Die harten

Zwischen Esslingen und Bad Cannstatt ist die noch vor wenigen Jahrzehnten offene Aue des Neckars inzwischen völlig überbaut. Den Fluß kann man suchen.

Ein Meisterstück des Wasserbaus ist die »ordentlich« gerade verlaufende Breg, bevor sie sich mit der Brigach zur Donau vereinigt.

Weinberge, wie hier bei Hessigheim, mit ihren mörtellosen Trockenmauern und den Muschelkalkfelsen darüber sind schutzwürdige Lebensräume.

Gesteine sind als Stufenkanten in der Landschaft erkennbar.

Die Buntsandsteinstufe und ihre Fläche rechnet man aufgrund ihrer Höhenlage zum Schwarzwald, zum Odenwald oder zum Spessart. Der steile Anstieg der Buntsandsteinstufe liegt im harten Hauptbuntsandstein. Die Moore der Hochflächen bilden sich auf diesem nährstoffarmen Sandstein. Der Hohlohsee auf der Buntsandsteinplatte im Schwarzwald zwischen dem Murgtal und dem Tal der Großen Enz ist ein Beispiel dafür.
Die sanft nach Osten einfallenden Flächen sind größtenteils mit den tonigen Schichten des Oberen Buntsandsteins bedeckt. Auf ihnen bilden sich tiefgründigere Böden, die meist bewaldet sind.
Die Ebenen mit den besseren Böden wurden im Mittelalter gerodet und besiedelt. Viele Ortsnamen, die auf -brand, -reute, -hau oder -hard enden, weisen darauf hin.

Das Gäu. Östlich der Nagold bei Calw, bei Buchen und Walldürn steigt die Stufe des Muschelkalks auf. In der Kraichgaumulde reicht der Muschelkalk bei Bruchsal bis an den Rand des Oberrheintalgrabens heran. Ähnlich wie im Buntsandstein haben es die Bauern hier, wo der reine Kalk zutage tritt, schwer. Der Pflug scharrt über »des Teufels Hirnschale«, wie die Leute sagen.
Hecken und windzerzauste Baumgruppen bestimmen das Landschaftsbild im Heckengäu. Wo der Muschelkalk aber von den tonigen und sandigen Schichten des unteren Keupers, der Lettenkohle, bedeckt ist und gar noch eine Lößauflage aus der letzten Eiszeit dazukommt, sind die Böden tiefergründig und fruchtbar.
Die weiten Flächen über dem Oberen Muschelkalk sind altes Siedlungsland und tragen Namen wie Korngäu, Strohgäu, Kraichgau, Zabergäu und Langes Feld. Auch das Bauland und der Taubergrund gehören dazu. Man faßt diese Flächen unter dem Sammelbegriff »Gäu« zusammen.
Da das Wasser im Kalkstein leicht versickert, mußten es sich die Gäubauern oft aus den tief und scharf eingeschnittenen Tälern holen. Die mächtigen grauen Kalkbänke des Oberen Muschelkalks, der Hauptmuschelkalk, liefern begehrte, widerstandsfähige Bausteine.
Im Mittleren Muschelkalk werden Gips und Salz abgebaut. Die Bergwerke von Stetten bei Haigerloch, Kochendorf und Bad Friedrichshall bei Heilbronn wurden im letzten Jahrhundert angelegt. Bis heute dienen die Bergwerke Stetten und Heilbronn der Salzgewinnung.

Das Keuperbergland. Sein Stufenrand erhebt sich weithin sichtbar über die schiefe Ebene der Gäufläche. Unübersehbar begleitet er die Bodenseeautobahn zwischen Herrenberg und Horb. Besonders weit springt er bei Leonberg nach Nordwesten vor. Dort sind die Schichten im Fildergraben rund 100 Meter tief eingesunken. In dieser geschützten Tiefenlage wurde die Abtragung des Keupers verzögert. Die isolierten Keuperberge Stromberg und Heuchelberg liegen ebenfalls geschützt in einer muldenartigen Einsenkung.
Der Stufenrand des Keupers ist auch östlich der Autobahn Stuttgart – Heilbronn das beherrschende Landschaftselement. Dort steigt er aber nicht in einem Zuge auf, sondern in Einzelstufen, deren Kanten harte Sandsteinbänke bilden. Die Hochflächen des Aspergs und der Weibertreu bildet der braungrüne oder rotviolette Schilfsandstein. Der etwa höher gelegene, sehr harte Kieselsandstein bildet die Fläche des Wunnensteins und den Stufenrand bei Waldenburg und am Einkorn bei Schwäbisch Hall.

Rammert und Schönbuch haben ausgeprägte Stufenkanten. Diese bildet der helle, grobkörnigere Stubensandstein, dessen weichere Schichten früher den weißen Streusand für die Holzböden der Wohnstuben lieferten.
Am Anstieg der Keuperstufe liegen im Neckarland Weinberge und Streuobstwiesen. Die Höhen im Keuper sind meist bewaldet. Erst im Mittelalter wurden der Schurwald, der Mainhardter Wald, der Welzheimer Wald und die Waldenburger Berge gerodet und besiedelt, denn die Böden im Keuperbergland sind wenig fruchtbar.
Einen schlechten Ruf hat die rotviolette Mergelschicht über dem Stubensandstein, der Knollenmergel. Er wurde früher als »schwäbischer Landschaden Nummer eins« bezeichnet, weil die Hänge im Knollenmergel zu Rutschungen neigen. Manche Straßen, manches Haus, ja sogar die Eisenbahn, haben bis heute mit dem quellenden, rutschenden Knollenmergel zu kämpfen. Wo Kalk und Ton aus dem Schwarzen Jura den Keuper bedecken, wie auf den Fildern, sind die Böden besser. Diese Flächen wurden schon früh gerodet.

Die Schwäbische Alb und ihr Vorland. Der Stufenrand des Schwarzen Jura ist nicht sehr ausgeprägt. Häufig fällt er mit dem Keuperstufenrand zusammen. Das landwirtschaftlich stark genutzte Albvorland liegt im Schwarzen Jura. Der Braune Jura bildet die Stufe der Albvorberge. Wiesen und Obstbaumhänge steigen hier zu den meist bewaldeten Höhen auf. Er bildet auch eine schmale Fläche, auf der sich Felder anlegen ließen. Dahinter erhebt sich der Albtrauf als Stufenrand des Weißen Jura.
Die Schwäbische Alb mit ihren Ausliegerbergen ist von Felsen und Burgen gekrönt: Reußenstein, Rechberg, Hohenstaufen, Teck, Hohenneuffen, Achalm, Hohenzollern und Fürstenberg, um nur einige zu nennen. Die schiefgestellte Tafel der Alb steigt insgesamt von Nordosten nach Südwesten an. Der höchste Berg ist der Lemberg bei Gosheim mit 1015 Metern.
Die Mächtigkeit der Juraschichten nimmt nach Südwesten zu. Die Schichtstufen der »wohlgebankten« Kalke des Mittleren Weißen Jura bilden dort sogar die höchsten Berge der Schwäbischen

Vom Hohenneuffen geht der Blick nach Westen dem Albtrauf entlang über das Dettinger Hörnle bis zur Achalm und zum Roßberg. An klaren Tagen begrenzt der Schwarzwald den Horizont.

Alb. Im neckarnahen nördlichen Teil ist die Albhochfläche von zahllosen Kuppen besetzt. Breite, meist wasserlose Täler führen zur Donau hin. Trotz ihrer Wasserarmut ist die Schwäbische Alb aber uraltes Siedlungsland. Im Gegensatz zur Kuppenalb ist die südliche Alb flächenhaft. Die Flächenalb lag während der Tertiärzeit noch einmal unter dem Meeresspiegel und wurde dabei eingeebnet.
Während der Jüngeren Tertiärzeit, genauer vor etwa 13–15 Millionen Jahren, kam es im Bereich der Mittleren Alb zu heftiger vulkanischer Tätigkeit. Mehr als 350 Vulkanschlote sind bekannt. Durch den Einschlag von Meteoriten entstanden das Ries und das Steinheimer Becken.

Das Alpenvorland südlich der Alb ist eine eigene Großlandschaft. Sie ist nicht auf unser Land beschränkt, sondern umfaßt auch Bayern bis zur Donau. Zum Alpenvorland gehören die Allgäuer Alpenvorberge, das hügelige Oberschwaben und das Bodenseebecken. Während des Eiszeitalters wurde dieses Gebiet von Gletschern und Schmelzwasserströmen überformt. Sogar der nördliche, albnahe Teil Oberschwabens wurde während der Rißvereisung vom Rheingletscher überfahren. Sein Schutt, der als Endmoräne vor dem Eisrand abgelagert wurde, liegt in der Umgebung von Riedlingen nördlich der Donau auf der Alb.
Im südlichen Oberschwaben konnten sich eiszeitliche Formen besser erhalten; erst vor etwa 10 000 Jahren, am Ende der Würmvereisung, wurde dieses Gebiet vom Rheingletscher geräumt. Nach dem »Rückzug« des Eises blieben Sand- und Schotterflächen, Moränen und Seen zurück, unter ihnen als Stausee der Federsee und der mehr als 250 Meter tief ausgeschürfte Bodensee, der einst unmittelbar nach dem Abschmelzen des Rheingletschers bis Chur reichte.

Als baum- und strauchlose Ebene präsentiert sich die Flächenalb südlich des tertiären Kliffs bei Suppingen.

Der Hegau ist eine Übergangslandschaft zwischen dem sogenannten »Oberland« und der Schwäbischen Alb. Dort beherrschen vulkanisch entstandene Berge wie der Hohentwiel (686 m) bei Singen, der Hohenkrähen und der Hohenstoffeln das Bild. Auch sie entstanden während der Tertiärzeit.

Karte von Napoleons Gnaden. Die Kartographen des siegreichen Korsen legten die Grenzen im deutschen Südwesten fest. Von natürlichen Zusammenhängen ließen sie sich kaum beirren. Nicht zuletzt aus strategischen Überlegungen bevorzugten sie Flußgrenzen. So zerschneiden die Landesgrenzen den Naturraum des Odenwaldes und das Oberrheintal ebenso wie die Schotterfluren der Iller. Aus diesem Grund gelten Aussagen, die für Baden-Württemberg getroffen werden, oft genug über die Grenzen hinaus. Man denke an die Kanalisierung des Mains, an die Sanierung des Oberrheins oder an die Wasserqualität des Bodensees.
Im Ballungsbereich am Mittleren Neckar sind die Zuständigkeiten klar. Dennoch – oder vielleicht gerade deshalb – sind viele Probleme ungelöst. Der Neckar ist hoffnungslos eingezwängt, und wo es noch freien Raum gibt, wird er nur zu rasch verbraucht. Ein Beispiel aus jüngerer Zeit: Im Raum Tübingen war die weite Talaue des Neckars flußabwärts bis in die Nachkriegszeit hinein offen und frei von raumgreifenden Projekten. Die Eisenbahn und die Straßen hielten sich weithin an den unteren Talrand. Die Baggerseen in der Aue störten nicht, im Gegenteil, sie bereicherten den Lebensraum. Inzwischen hat die Ansiedlung von Industrie, vor allem aber die Anlage aufwendiger Verkehrswege das Bild völlig verändert. Die Auen sind

Was wäre die Alb ohne Wacholderheide? Vielgeliebt ist sie, aber alles andere als natürlich. Denn ohne Schafweide gäbe es sie nicht.

zerschnitten, die alte, von Wiesen, Fluß und Wald geprägte Harmonie ist dahin. Eigentlich müßte der Lernprozeß abgeschlossen sein. Doch der Landverbrauch geht weiter. Neuen Großprojekten wie der Stuttgarter Messe und der ICE-Trasse sollen erneut viele Hektar offener Landschaft und ertragreiche Böden geopfert werden.

Daß es auch anders geht, zeigt die Umgestaltung der Neckaraue für die Landesgartenschau 1998 in Plochingen oder die Renaturierung des Donautals bei Riedlingen. In Treffensbuch auf der Ulmer Alb haben sich junge Bauern zusammengeschlossen, um Landwirtschaft und Naturschutz sinnvoll zu verbinden und dies nicht hinter einem Zaun. Da dort im wesentlichen Weidewirtschaft betrieben wird, sinkt zunächst das Einkommen pro Hektar. Man hofft jedoch, einen Teil der zu erwartenden Einbußen durch werbewirksame Mitarbeit von Industrieunternehmen auszugleichen. Selbstvermarktung, Veranstaltungen mit Volksmusik und naturkundliche Wanderungen ergänzen das überaus interessante Naturschutz- und Landwirtschaftsprojekt und helfen den Bauern, wirtschaftlich schwere Zeiten zu überstehen.

Man sollte sich aber nicht täuschen. Großstadtferne kann nicht gleichgestellt werden mit Naturnähe und ökologischer Harmonie. Selbst Landschaften, die eher am Rande liegen, wie die Baar um Donaueschingen mit ihrer landwirtschaftlichen Grundstruktur, blieben von den Veränderungen der letzten Jahrzehnte nicht verschont. Eine wesentliche Ursache dafür war das Bevölkerungswachstum in der Nachkriegszeit. Die Siedlungsfläche nahm sehr stark zu, ebenso die Verkehrsfläche. Durch immer neue Straßen kam es zur Zerstückelung der Landschaft und zur Bildung ökologischer Inseln. Auch die Flurbereinigung, so notwendig sie für die Bauern sein mag, schoß nicht selten über ihr Ziel hinaus. Daß aber ein Golfplatz in ein Naturschutzobjekt einbezogen werden kann, zeigt der »Fall Baar« auch. In einer ausgeräumten Landschaft ist er, als naturnaher Park, eine Bereicherung.

Liebgewonnene Bilder. Es schmerzt uns, wenn sich das liebgewordene Bild der Landschaft verändert. Uns ist es am liebsten, wenn der Ipf kahl bleibt und die Schwarzwaldhöhen bewaldet, obwohl beides nicht immer so war. Die Grinden des Schwarzwalds waren über Jahrhunderte hinweg kahles Weideland, nicht anders die Hänge des Geißentales und viele andere Albtäler. Bilder aus dem 19. Jahrhundert zeigen, daß selbst die steilen, heute bewaldeten Hänge über dem Blautopf beweidet wurden. Eduard Mörike erlebte die wunderbare Quelle noch im hellen Sonnenlicht von Felsen überragt im Sommerduft der Wacholderheide. Wie wäre es mit einer Bürgerinitiative zur Wiederherstellung des »Mörikezustandes«? Nicht auszudenken! Bäume, wenn sie einmal da sind, wurzeln tief in unseren Herzen.

Das größere Ganze. In Zukunft muß es gelingen, die Ziele des Naturschutzes nicht nur emotional zu verankern. Der punktuelle Schutz ausgewählter Kleinodien kann nur ein Anfang sein. Ein Stück Bannwald, ein Wasserfall, eine Höhle, ein Felskopf oder ein Stück Heide sind zu wenig, solange sie nicht in einen größeren Schutzbereich eingebettet werden. In einem großen Nationalpark, in dem es alle Stufen des Schutzes gibt, könnte die Vielfalt unserer Natur am besten bewahrt werden. Gebiete, die groß und ungestört genug sind, gibt es auf der Alb zwischen Bad Urach und Ehningen. Zwar sind sie weder so groß wie der Yellowstone Park, noch sprudeln hier heiße Quellen und Geysire, auch Bären trifft man noch ziemlich selten, aber es sind bemerkenswerte Landschaften mit einer reichen, schützenswerten Tier- und Pflanzenwelt. Eine Vielfalt, die sie nicht zuletzt der pfleglichen Land- und Forstwirtschaft verdanken. Längst nehmen Bauern und Förster ihre Rolle als Schützer der Natur wahr. Es wird Zeit, die ökologische Bedeutung der Land- und Forstwirtschaft anzuerkennen und zu honorieren.

Ein Schild und ein Zaun – strenger Naturschutz, um den Gelben Enzian auf dem Raichberg zu erhalten.

Schwarzwald Oberrhein

Eine »subalpine Insel«

Das Feldberggebiet

Mit 1493 Meter Höhe ist der Feldberg die höchste Erhebung in den Mittelgebirgen Deutschlands. Wie die anderen hohen Berge des südlichen Schwarzwaldes – das Herzogenhorn (1415 m), der Belchen (1414 m) und der Schauinsland (1284 m) – ist der Feldberg eigentlich kein »Gipfel«, sondern eine hochgehobene Scholle einer im Südwesten stark gehobenen, nach Norden und Südosten abfallenden Ebene. Die heutigen flachen und rundlichen Kuppen von Seebuck, Baldenweger Buck und dem Höchsten sind nur in ihren letzten 200–300 Höhenmetern durch Erosion aus dieser Hochfläche herausmodelliert worden.

Aufgrund seiner herausgehobenen Lage bietet der Feldberg neben Landschaften von einprägsamer Schönheit auch herrliche Ausblicke in die weitere Umgebung, allerdings nur bei Wetterlage mit Fernsicht. Dann wandert der Blick vom Feldberg nach Süden über das Herzogenhorn und das Schweizer Juragebirge bis zur mächtigen Alpenkette zwischen Zugspitze und Mont Blanc. Nach Westen reicht er am Belchen vorbei, über das oberrheinische Tiefland mit dem Kaiserstuhl hinweg bis zum Vogesenkamm und dem Straßburger Münster. Nach Norden sieht man vom Kandel bis zur Hornisgrinde den Schwarzwaldrücken und im Osten den Schichtstufenfächer des süddeutschen Schichtstufenlandes mit den dahinterliegenden Hegaubergen Hohenhewen und Hohenstoffeln. Die Höhe garantiert im Winter eine gute Schneesicherheit. So ist der Feldberg ein bedeutendes Tourismuszentrum; er muß pro Jahr um die zwei Millionen Besucher verkraften.

Doch seinen besonderen Rang unter den Landschaften Baden-Württembergs verdankt das Feldberggebiet seinem Reichtum an naturkundlichen Dokumenten: dies sind die eiszeitlich modellierten Oberflächenformen, die alpinen Zeugen seiner Tier- und Pflanzenwelt und das rauhe Gebirgsklima. Seit langem ist der Feldberg daher Gegenstand naturwissenschaftlicher Forschung. Aber auch der naturkundlich aufgeschlossene Besucher kann hier eindrucksvolle Beobachtungen machen und die vielfältigen, häufig sehr unscheinbaren, aber sehr bedeutungsvollen naturhistorischen Zeugnisse auffinden. Geduldiges Beobachten ist gefragt, da sie nicht immer auf den ersten Blick zu finden sind.

Wer von den eiligen Touristen bemerkt schon, daß das Rundum-Panorama eine Übersicht über Landschaftselemente bietet, die zusammen eine beinahe lückenlose Serie an erdgeschichtlichen Dokumenten aus den letzten 230 Millionen Jahren in sich bergen – sieht man einmal von der Erdzeitperiode der Kreide (von 145–65 Mio. Jahren) ab. Kaum einer der vielen Besucher weiß, daß er sich auf einer sehr alten Abtragungsfläche befindet, wenn er am Feldberg wandert. Es ist die nach Abtragung der erdmittelalterlichen Gesteinsschichten wieder freigelegte ehemalige Erosionsfläche des sehr viel älteren Variskischen Gebirges. Und es bedarf des kundigen Blicks und auch der anleitenden Führung, um die kleinwüchsigen Tiere und Pflanzen neben den Wanderwegen zu erkennen, die so eindrucksvolle Zeugnisse für die Entstehungsgeschichte dieser Landschaft darstel-

Der Blick vom Baldenweger Buck auf den Höchsten über das Zastler Loch mit der Zastler Hütte hinweg zeigt, daß hoher Baumwuchs nur auf den Geländerippen möglich ist. Die Geländerinnen als Lawinenbahnen sind extrem baumfeindlich.

Von Norden erkennt man, daß das Feldbergmassiv eine schräg gestellte Schollenebene ist. Während in St. Märgen bereits der Frühling eingezogen ist, liegt auf dem Feldberg noch Schnee.

Vom Feldberg aus reicht der Blick bei Fernsicht über den Südschwarzwald, das Hochrheintal, das Schweizer Juragebirge und Mittelland bis zum mächtigen Gebirgswall der Alpen. Auf dem Bild ist rechts der 242 Kilometer entfernte Mont Blanc zu sehen, links davon die Aiguille Verte und in der Bildmitte Les Diablerets und die kleine Spitze des Oldenhorns.

len. Dieser Reichtum an Naturdokumenten führte dazu, daß das Feldbergmassiv im Jahr 1937 als das erste Naturschutzgebiet Baden-Württembergs ausgewiesen wurde; seit 1993 ist es mit einer Fläche von über 42 km^2 auch das größte des Landes.

Eiszeitlich bedingte Oberflächenformen im Gelände zeigen, daß der Feldberg und mit ihm die anderen hohen Kuppen des Südschwarzwaldes und die von diesen Höhen entspringenden Täler verfirnt und vergletschert waren. Doch sind nur die Spuren der letzten Kaltzeit (von 70 000–10 000 Jahren v. h.), der Würmeiszeit, relativ gut erhalten. So wurden die vom Feldberg wegziehenden Täler in ihren oberen Bereichen von Gletschern U-förmig ausgehobelt, d. h. weite Talböden werden von steilen Seitenhängen flankiert. Die so überformten Täler beginnen wie die Täler in den Alpen in großen, wannenartigen Mulden, sogenannten Karen. Diese können, wie am Feldsee, einen halbrunden Kessel aus steilen Felswänden bilden oder, wie im Zastlertal, zu mehreren treppenartig übereinanderliegen (Treppenkar).

Weiterhin finden sich in diesen ehemals vergletscherten Talabschnitten im Bogen quer zur Talrichtung verlaufende Wälle aus Lockermaterial, das unsortiert aus Fein- und Grobmaterial besteht. Es handelt sich hier um Endmoränen. Sie sind besonders gut erhalten im obersten Albtal, in der Kluse und im Wilhelmer Tal. Andere stauen den Titisee und den Feldsee auf. Solche Endmoränen entstehen, wenn das Vorrücken des Gletschers und sein Abschmelzen sich über eine längere Phase die Waage halten. Dann häuft sich am Gletscherende das über eine längere Zeit vom Eis transportierte Schutt- und Gesteinsmaterial an.

Eine weitere Geländeform als Zeugnis einer nicht sehr weit zurückliegenden Vereisung des Hochschwarzwaldes sind die Rundhöcker. Sie entstehen, wenn lokal begrenzte Gesteinsbereiche des Talbodens härter sind als benachbarte Bereiche. Sie werden weniger stark abgehobelt und haben eine charakteristische Form, die mit der Fließrichtung des Eises übereinstimmt. Besonders klar zu erkennen sind Rundhöcker bei der Zastler Hütte,

Im Herbst kann man die unterschiedliche Baumartenmischung der Wälder besonders gut erkennen. Während der Laubmischwald sehr naturnah ist, lassen die einheitlichen Nadelwaldflächen (links oben und rechts) den Eingriff des Menschen erkennen.

in Vordermenzenschwand, im Prägtal und im Wiesetal von Todtnau bis Utzenfeld. Bei der Zastler Hütte und bei Schönau sind auch Gletscherschliffe offengelegt worden. Hier hat der mit Gesteinsbrocken gespickte Gletscher deutliche Kratz- und Schleifspuren im Fels hinterlassen.

Diese Spuren einer früheren Vereisung im Raum des hohen Schwarzwaldes zeigen, daß es noch nicht allzu lange Wälder im »Waldgebirge des Schwarzwaldes« gibt. Vor etwa 10 000 Jahren eroberten Bäume das Gebiet nördlich der Alpen und Pyrenäen aufgrund einer Klimaerwärmung zurück, das sie wegen der Abkühlung um rund 10° C vor 70 000 Jahren verlassen mußten. Verbreitet waren Zwergstrauchtundren mit eingestreuten Steppenpflanzen und Kältesteppen, staudenreiche Matten, Seggenmoore und verarmte Wasserpflanzengesellschaften.

Mit der Wiederkehr der Bäume gerieten die kleinwüchsigen Tundren- und Kaltsteppenpflanzen in Bedrängnis. Sie besiedelten die vom abschmelzenden Eis freigegebenen Rohböden und wanderten dem zurückweichenden Eis folgend in die alpinen Gebirge und in die arktischen Regionen. Die für Baumwuchs geeigneten Regionen mußten sie jedoch aufgeben. Ihnen folgten die Tiere, die sie als Futterpflanzen nutzten, die offene und freie Landschaften bevorzugten und die an kältere Klimabedingungen angepaßt waren.

Die naturkundliche Sonderstellung des Feldbergmassives liegt gerade im Vorkommen einer großen Zahl von Pflanzen- und Tierarten begründet, die sonst nur noch in den alpinen Gebirgen oder arktischen Gebieten Nordeuropas anzutreffen sind. Die nach Aufgabe der Beweidung einsetzende Bewaldung der weitflächigen Borstgrasmatten und klimatische Vergleichsdaten aus den Alpen zeigen, daß die Waldfreiheit des Feldberges und der anderen Schwarzwaldhöhen erst durch die Besiedlung des Hochschwarzwaldes ab rund 1000 n. Chr. entstanden ist, als der Mensch durch Rodungen großflächige Jungviehweiden schuf. Davon zeugt eine Schenkungsurkunde aus dem Jahr 1065, in der der »mons Veltperch« erwähnt wird. »Velt« bedeutet zu dieser Zeit »ebene, waldfreie Fläche«. Die klimatisch bedingte Waldgrenze liegt heute für den Schwarzwald gut 100 Meter oberhalb der Feldberghöhe. Wo haben aber dann die Alpenpflanzen und -tiere dem mächtigen nacheiszeitlichen Ansturm der konkurrenzüberlegenen Bäume widerstanden? Denn aufgrund ihrer Verbreitungsstrategien können sie nicht »erst kürzlich« aus den Alpen eingewandert sein. Es muß also in den oberen Regionen des Hochschwarzwaldes waldfreie Sonderstandorte geben, die aufgrund ihrer lokalen Klima-, Relief- und Bodeneigenschaften auch nacheiszeitlich und bis heute baumfeindlich geblieben sind.

Zunächst sind dies die steilen Felswände, die durch ihre Höhe oder durch vorgelagerten Hangschutt nicht von Bäumen beschattet werden. In Spalten, Ritzen und auf Simsen sammelt sich Fein-

Der Alpenhelm, ein typisches Eiszeitrelikt, steht häufig in Quellmooren. Er lebt halbparasitisch auf den Wurzeln anderer Pflanzenarten.

1

2

3

Die Alpen-Troddelblume mit ihren winterharten, nierenförmigen Blättern (1), die kalkhaltige Felswände bevorzugende Aurikel (2) und der Allermannsharnisch, der als wirksam gegen Unbill jeder Art galt und daher beinahe ausgerottet wurde (3), sind die eindrucksvollsten der etwa 50 Eiszeitrelikte des Feldbergmassivs.

erde an, die Lebensraum bietet für die an Klimaextreme angepaßten Kaltsteppenpflanzen; durch die Ausrichtung der Felsfläche nach Süden und die senkrechtere Sonneneinstrahlung müssen sie im Tagesverlauf sehr große Temperaturschwankungen verkraften können. Bei größeren Blockhalden, die nach dem Rückzug des Gletschereises aus den stark durch Frostsprengung zerrütteten Talhängen herausgebrochen sind, war und ist Feinerde nur in deren schattigen, tieferen Hohlräumen zu finden. Daneben konnten sich nur kleine Bodeninseln in den lichtausgesetzten Rinnen, Mulden und Spalten der größeren Blöcke bilden.

Ganz andere baumfeindliche Bedingungen findet man in den Quellmooren und in den Hochmooren. Bei den ersteren ist das Wasser mit 3–4° C zu kalt, und bei den letzteren das im Torfkörper festgehaltene Wasser zu sauerstoffarm für die Ausbildung eines größeren Wurzelsystems. Dagegen herrschen auf den hochgelegenen Rücken und Graten, die den schweren Winterstürmen direkt ausgesetzt sind, extreme Trockenbedingungen. Hier wird die schützende Schneedecke bis auf wenige Zentimeter verblasen. Jeder Pflanzenteil, der sich darüber hinaus erhebt, ist der austrocknenden Wirkung von Sturm und Wind ausgesetzt; der tiefer reichende Bodenfrost verhindert den Wassernachschub. Zudem haben die vom Sturm mitgeführten Eis- und Schneekristalle die gleiche abschleifende Eigenschaft wie die schnell bewegten Sandkörner im Sandstrahlgebläse.

Ohne Baumbestand sind auch die größeren Mulden, in die durch Windverfrachtung große Mengen Schnee abgelagert werden. Die lange Abtauphase bedingt nicht nur die bis in den Sommer sich zeigenden Schneeflecken, sondern verkürzt die Wachstumsperiode in diesen Mulden auch bis auf wenige Monate. In dem steil abfallenden Gelände im Windschatten der Rücken und Grate wird der Schnee zu mächtigen Schneewächten aufgetürmt. Lawinen und Schneebretter räumen regelmäßig die aufgekommenen Jungbäume aus.

In all diesen baumfeindlichen Lebensräumen konnten sich im Feldberggebiet etwa 50 Vertreter der Tundren- und Kaltsteppenpflanzen der Eiszeit vor den Bäumen zurückziehen. Hier können allerdings nur einige wenige dieser pflanzlichen Eiszeitrelikte vorgestellt werden. In den Felswänden findet sich der Felsenehrenpreis, dessen Azurblau der Blüten gegen den weißen Blütenschlund durch einen roten Ring abgesetzt ist. Weiße Blütentrauben erheben sich beim Traubensteinbrech aus einer dichten Blattrosette, deren längliche Blätter dickfleischig und mit Kalkschüppchen besetzt sind. Sehr selten ist das Niedrige Habichtskraut. Zwerg-Glockenblume, Alpendistel, Alpen-Maßliebchen, Alpen-Frauenmantel, Davalls Segge, Breitblättriges Laserkraut und Berghahnenfuß weisen nicht nur auf die alpine Pflanzenwelt hin, sondern zeigen auch an, daß in den Gneisen des Hochschwarzwaldes kalkhaltige Zonen vorkommen. Auch die Echte Aurikel, deren hellgelbe lockere Blütendolde sich aus einer blaugrünen, dem Fels angedrückten Blattrosette erhebt, weist auf Kalk im Untergrund hin. Sie gehört zum besonderen Florenschatz von Feldberg- und Belchengebiet. Im Frühjahr kann der Wanderer sie am Hirschsprungfelsen im Höllental bequem vom

Weg aus beobachten. Viel häufiger sieht man das Felsenleinkraut, welches in lockeren weißsternigen Sträußen die graue Felsenfarbe belebt. In einigen Blockhalden hat der Rollfarn überlebt. Er konnte sogar die vom Menschen in den Weidfeldern aufgesetzten Trockenmauern und Steinwälle erobern, doch wurde er dort durch die moderne Gülleausbringung wieder vertrieben. In den hochgelegenen Weidflächen breiteten sich das Borstgras, der Alpenbärlapp, das Gold-Fingerkraut, der Schweizer Löwenzahn und das Sandlabkraut aus. Auch der Keulenbärlapp, das Weißzüngel, eine unscheinbare Orchidee, der Berg-Wohlverleih und der Gelbe Enzian gewannen durch den rodenden Menschen neuen Lebensraum. Der Gelbe Enzian entwickelte sich dabei zu einem Weideunkraut, das das Weidevieh strikt meidet, aber mit seinen Hufen aussamt und verbreitet.

In den Lawinenbahnen finden sich die Alpen-Heckenrose, der Türkenbund, die Zwerg-Mispel und ganz selten der Allermannsharnisch. In den Quellmooren und Rieselfluren wiederum wachsen die frühblühende Alpen-Troddelblume, die Eis-Segge, das Nickende Weidenröschen, das Moor-Läusekraut, der dunkelviolett blühende Alpenhelm und der erst spätblühende Tragant mit seinen blauvioletten Blütensternen. Von den Hochmoorpflanzen seien der Rundblättrige und Langblättrige Sonnentau genannt, die ihren Bedarf an Mineralien durch Insektenfang decken. Sumpf-Bärlapp, Blumenbinse und der seltene Siebenstern sind weitere Kostbarkeiten des Hochmoores.

Auch in der Tierwelt sind Eiszeitrelikte bekannt. Es sind kleine kälteliebende Formen mit geringem Bewegungsradius. Da die ökologischen Verflechtungen sehr komplex sind und die systematische Erforschung der beinahe unzähligen Kleinformen noch unzulänglich ist, ist nur sehr wenig über diese Kleintiere bekannt. Auch leben die meisten von ihnen verborgen im und am Boden oder in den Wasserläufen. Sehr viele sind zudem nur nachts aktiv. Recht leicht auf ihren Futterpflanzen zu beobachten sind im Sommer die flugunfähige, schwarz-gelb-grün gemusterte Alpenschrecke und der metallisch grünlich gefärbte Alpen-Blattkäfer. Bei der sehr beweglichen Vogelwelt gibt es keine echten Relikte. Doch ist es von großem Interesse, daß Vertreter der arkto-alpisch verbreiteten Vogelarten die hochgelegenen Gebiete des Hohen Schwarzwaldes als alpischen Lebensraum »erkennen«, wie z.B. Tannenhäher, Zitronengirlitz, Rauhfußkauz, Ringdrossel, Steinschmätzer und Alpenwasserpieper. Vor dem Zweiten Weltkrieg wurden hier mit Erfolg Gemsen ausgesetzt. Sie haben sich mittlerweile so stark vermehrt, daß sie recht leicht zu beobachten sind.

Da das Vorkommen der hier an Beispielen vorgestellten Eiszeitrelikte aus der Pflanzen- und Tierwelt auf kleine Flächen beschränkt ist und ihre Zahl meist sehr klein ist, sind sie äußerst gefährdet. Doch kann man bei entsprechender Aufmerksamkeit manche von ihnen von den Wanderwegen aus beobachten. Allerdings sind Vorsicht und Behutsamkeit gefragt. Die seltenen Pflanzen dürfen nicht gepflückt werden. Denn ein Eiszeitrelikt, das in eine Blumenvase oder in ein Herbar entführt wurde, kann nachfolgende Wanderer nicht mehr erfreuen.

Relikte aus der Eiszeit sind auch die flugunfähige Alpenschrecke, die sich hier den Gelben Enzian schmecken läßt, und die Larve und der Käfer des Alpenblattkäfers (unten). Er hat bereits in der ausgehenden Eiszeit hier gelebt.

Zeugnisse der letzten Eiszeit

Der Gletscherkessel Präg

Wie hier der Herbstnebel, so bedeckten in der Würmeiszeit sechs Gletscher den Präger Gletscherkessel.

Wer heute einen Gletscher sehen möchte, muß mindestens in die Alpen fahren, um einen Eindruck von solch mächtigen Eismassen zu erhalten. Der Schwarzwald war zuletzt während der Würmeiszeit vergletschert, das liegt ca. 10 000 Jahre zurück. Zeugnisse der damaligen Ereignisse sind jedoch heute noch vorhanden; sehr häufig findet man sie z. B. im Naturschutzgebiet »Gletscherkessel Präg«.

In einem weltweit einmaligen Vorgang flossen dort während der letzten Eiszeit sechs Einzelgletscher zusammen. Da der große Wiesentalgletscher den Abfluß ins Wiesental verhinderte, staute sich das Eis bis zu einer Mächtigkeit von 500 Metern. Bis heute ist keine größere vertikale Ausdehnung der Würmeiszeit im Schwarzwald bekannt.

Die Landschaft um Präg wurde durch diese einzigartige Vergletscherung entscheidend »geprägt«. Heute noch sichtbare Zeugnisse der Würmvergletscherung und des darauffolgenden Rückzugs des Eises sind z.B. die »Präger Seen«, drei mit Wasser gefüllte Erosionskolke, sowie die »Präger Terrasse«, bei der es sich vermutlich um einen Überrest eines Eisstausees handelt.

Der »Präger Gletscherkessel« wurde 1994 zum Naturschutzgebiet erklärt. Mit über 2800 ha ist es das zweitgrößte Naturschutzgebiet Baden-Württembergs – nur das angrenzende Naturschutzgebiet »Feldberg« ist größer. Die Ausweisung erfolgte aufgrund der einmaligen eiszeitlichen Hinterlassenschaften und der schützenswerten Natur mit vielen seltenen Tier- und Pflanzenarten, die sich hier entwickelt haben.

Ursprünglich war das Präger Tal bewaldet. Die Urbachmachung ging vermutlich zunächst vom Kloster St. Trudpert im Münstertal, ab dem 12. Jahrhundert dann vom Kloster St. Blasien aus. Es folgte eine jahrhundertelange landwirtschaftliche Nutzung, die zu einer vielfältigen Kulturlandschaft führte.

Besonders große Bedeutung für die Entwicklung verschiedenster Lebensräume hat die Beweidung

Blick auf den idyllischen Schwarzwaldort Präg.

Der Flügelginster läßt im Frühsommer die Weidfelder gelb leuchten; im Volksmund wird er auch »Ramsele« genannt.

der ortsfernen, ungedüngten Weidfelder mit dem heimischen Hinterwälder Rind. Diese kleinste Rinderrasse Europas verursacht aufgrund ihres geringen Körpergewichts nur sehr geringe Trittschäden, hält aber die Landschaft offen. So entwickelten sich wertvolle strukturreiche Weidfelder mit imposanten Weidbuchen, Lesesteinhaufen, kleinen Bachläufen, Quellbereichen und weiteren Kleinbiotopen.
Auf nährstoffarmen Böden wachsen hier seltene Pflanzenarten wie Arnika, Silberdistel, Katzenpfötchen oder Weiße Waldhyazinthe. In kleinen Feuchtbiotopen blühen der Rundblättrige Sonnentau, das Fettkraut, das Sumpf-Herzblatt sowie Orchideenarten wie das Breitblättrige und das Gefleckte Knabenkraut.
Auch seltene Vogelarten, wie z.B. die vom Aussterben bedrohte Zippammer, sowie gefährdete Schmetterlings- und andere Insektenarten kommen auf den sogenannten Flügelginsterweiden vor. Die klaren, schnell fließenden Bergbäche im Naturschutzgebiet bieten Lebensraum für die durch ihre weiße Brust gekennzeichnete Wasseramsel und die Gebirgsbachstelze.
Durch Spaltenfrost und Frostsprengung haben sich als Folge der letzten Eiszeit gewaltige Blockhalden gebildet. Zahlreiche Flechten, Moose und Farne, wie z.B. der sehr seltene Krause Rollfarn, haben sich an diese extremen Lebensbedingungen angepaßt.

Auf den sauren Granit- und Gneisfelsen des Südschwarzwaldes wachsen der Nordische Streifenfarn und das Felsenleimkraut. Im Präger Gletscherkessel kommen jedoch auch basenreiche, geologische Schichten vor, woraus sich Standorte für den Trauben-Steinbrech, die Mauerraute und den Gelben Hohlzahn entwickeln konnten. Vogelarten wie der Wanderfalke und der Kolkrabe benutzen die Felsen als Brutplätze.
Die naturnahen Wälder, die einen Großteil des Naturschutzgebietes bedecken, bieten Lebensraum für das Auerhuhn, den Zitronengirlitz und den Schwarzspecht. Besondere Bedeutung für den Naturschutz haben die an den Steilhängen vorkommenden, strukturreichen Buchen-Tannen-Althölzer mit einem hohem Totholzanteil.
Am Prägbach hat sich kleinflächig als botanische Besonderheit ein Grauerlenwald entwickelt, der im Schwarzwald sonst nur noch in einem kleinen Bereich südlich des Feldbergs vorkommt.
Der Erhalt der einzigartigen Kulturlandschaft im Präger Gletscherkessel kann langfristig nur durch eine weitreichende landwirtschaftliche Nutzung gewährleistet werden. Oberste Priorität hat dabei die Offenhaltung der Weidfelder durch die Beweidung mit dem Hinterwälder Rind. Dort, wo die Weidfelder bereits verbuscht sind, vergibt die Naturschutzverwaltung Pflegeaufträge. Eine enge Zusammenarbeit zwischen den örtlichen Landwirten, der Staatlichen Weideinspektion und der Naturschutzverwaltung ist die Voraussetzung für den Erfolg dieser Maßnahmen.
Die Bezirksstelle für Naturschutz und Landschaftspflege Freiburg gab 1996 ein Faltblatt heraus und wies sieben Rundwanderwege aus mit der Arnika, einer Charakterart des Naturschutzgebietes, als Zeichen; sie führt die Besucherinnen und Besucher zu den Besonderheiten des Präger Gletscherkessels. Zusätzlich bietet die Bezirksstelle naturkundliche Führungen für Feriengäste und interessierte Gruppen an. Dadurch werden die Bemühungen der Gemeinden zur Stabilisierung und Förderung des Fremdenverkehrs entscheidend unterstützt.

Die Seehalde bei Präg ist eine der mächtigsten Blockhalden im Südschwarzwald.

Der Wäldiburhof zählt zu den ältesten Höfen in Präg. Seit einigen Jahren wird er nicht mehr bewohnt, seine Zukunft ist ungewiß.

Die Arnika ist eine Charakterart ungedüngter Weidfelder in höheren Lagen.

Mit grandiosem Alpenblick

Am Belchen

Wer im Herbst vom Münster- oder vom Wiesental auf den Belchen hinaufsteigt, wird für die Mühen des steilen Weges mit einem herrlichen Ausblick belohnt: Die Alpen von der Zugspitze im Südosten über Tödi, Titlis, Wetterhorn, Schreckhörner, Eiger, Mönch, Jungfrau bis hin zum Montblanc im Südwesten ragen zum Greifen nah aus dem Nebel über den Tälern hervor. Dieses Erlebnis verdankt man der Inversionswetterlage (Temperaturumkehr), dann scheint auf den Gipfeln die Sonne, und in den Tälern ist es wesentlich kälter .
Der Belchen ist nicht nur wegen seiner Aussicht beliebt, er gilt als der schönste Berg des Schwarzwaldes. Die steilen, felsdurchsetzten Flanken und der abrupte Anstieg lassen ihn besonders imposant erscheinen und verleihen ihm einen alpinen Charakter. Mit 1414 Metern über Meereshöhe ist er nach dem Feldberg (1493 m) und dem Herzogenhorn (1415 m) die dritthöchste Erhebung im Schwarzwald.
Zur Flora in der Gipfelregion gehören Pflanzen, die sonst hauptsächlich in den Alpen vorkommen, weshalb der Belchen neben dem Feldberg auch als »subalpine Insel« im Schwarzwald bezeichnet wird. Diese Pflanzen konnten auf waldfreien Flächen als Eiszeitrelikte überdauern. Während der letzten Eiszeit besiedelten sie weite Teile der tieferen Lagen außerhalb der vergletscherten Gebiete. Deutliche Spuren wie Moränen, Rundhöcker und Trogtäler belegen, daß auch das Belchengebiet einmal vergletschert war. Die Alpenpflanzen wurden am Ende der Eiszeit vor ca. 10 000 Jahren von dem sich ausbreitenden Wald auf Extremstandorte in höheren Lagen wie Felsen, Schutthalden, Lawinenbahnen und windexponierte Kämme verdrängt, wo sich der Wald nicht ansiedeln konnte.
So findet man am Belchen beispielsweise die Alpen-Heckenrose hauptsächlich an Waldrändern und Lawinenbahnen vor. Sie blüht von Juni bis Juli. Ihre hagebuttenähnlichen, herabhängenden Früchte verliehen ihr den lateinischen Namen

Die Desvaux' Hainsimse ist eine Charakterart der subalpinen Rieselfluren. Sie kommt in Deutschland nur am Belchen vor.

Blick vom Münstertal zum schneebedeckten Belchengipfel.

Vom Belchen aus scheinen die Alpen zum Greifen nah.

Rosa pendulina (lat. pendere = herabhängen). Auf Felsbändern und in Gesteinsspalten wächst der Felsenehrenpreis, der in Deutschland außerhalb der Alpen nur an wenigen Orten im Schwarzwald vorkommt. Seine azurblauen Blüten entdeckt man zwischen Juli und August.

Der Wanderer findet in den Gipfelregionen weitgehend baumfreie Bereiche vor. Dies war jedoch nicht immer so, denn von Natur aus ist nur ein geringer Teil unbewaldet. Durch allmähliche Rodung des teilweise schon lichten Waldes entstanden vor ca. 1000 Jahren Hochweiden, auf denen hauptsächlich Rinder grasten. Diese Weidfelder findet man am Belchen in zwei Ausprägungen:

Oberhalb von ca. 1200 Metern dominieren die Borstgrasweiden. Neben dem namengebenden Borstgras kommen Arten wie Schweizer Löwenzahn, Bärwurz, Scheuchzers Glockenblume oder Arnika vor; stellenweise bestimmen auch Pflanzen wie Heidekraut oder Heidelbeere das Bild auf den kalkarmen Böden, deren Ausgangsgesteine Gneise oder Granite sind.

Unterhalb von etwa 1200 Metern geht die Borstgrasweide in die Flügelginsterweide über, deren Vegetation vom gelb blühenden Flügelginster geprägt wird. Begleiter dieser auch »Ramsele« genannten Charakterart sind z.B. die Silberdistel und das Hundsveilchen.

Werden die offenen Flächen nicht mehr beweidet oder gepflegt, siedeln sich zunächst sogenannte Pioniergehölze wie Mehlbeere, Eberesche, Birke u.a. an. Solche Sukzessionsflächen sind im Belchengebiet besonders vielfältig ausgebildet. Im

Verlauf der natürlichen Entwicklung entsteht dann allmählich ein mehr oder weniger geschlossener Wald.
Der größte Teil der Belchenregion ist bewaldet. Die am häufigsten anzutreffende Waldgesellschaft

ist der Hainsimsen-Buchenwald mit seiner artenarmen, schwach entwickelten Krautschicht. Auf etwas besser mit Nährstoffen versorgten Standorten haben sich Tannen-Buchenwälder ausgebreitet. Sie werden in den höchsten Lagen von Bergahorn-Buchenwäldern abgelöst, die sehr imposant und urwüchsig erscheinen. Bizarre Baumformen bestimmen teilweise das Waldbild. Üppig gedeihende Hochstauden und Farne bedecken den Boden.
Natürliche Fichtenwälder entwickelten sich in dieser Region nur kleinflächig an steilen, flachgründigen Nordhängen mit langer Schneebedeckung. Die Fichte dominiert jedoch in weiten Bereichen am Belchen, da die vielseitig verwendbare Baumart seit dem letzten Jahrhundert hier großflächig angebaut wurde.
An Bäumen, Felsen oder am Boden haben sich Flechten unterschiedlicher Gestalt angesiedelt. Es gibt nur wenige Orte in Mitteleuropa außerhalb der Alpen, die einen solchen Artenreichtum an Flechten aufweisen wie der Belchen.

Das Gipfelkreuz auf 1414 Meter Höhe.

Die rosablühende Belchen-Hauswurz wurde vermutlich von Vulpius auf die Felsen am Südhang ausgebracht.

Diese Weidbuche bei Schönenberg auf der Stuhlsebene in 810 Meter Höhe ist mit einem Umfang von 7,10 Metern eine der mächtigsten im Schwarzwald. Sie ist ca. 300–350 Jahre alt und besteht aus etwa 20 miteinander verwachsenen Stämmen.

Die sehr seltene Lungenflechte wächst bevorzugt an alten Weidbuchen. Sie reagiert sehr empfindlich auf Schadstoffe und gilt deshalb als Zeigerpflanze für die Luftqualität.

Der Belchen bietet Lebensraum für viele Vögel. Auer- und Haselhuhn leben eher im Verborgenen, während man den Kolkraben im Flug beobachten kann. Eine Besonderheit am Belchen-Südhang ist die seltene und sehr versteckt lebende Zippammer. In den Hochlagen kommen Ringdrossel, Zitronengirlitz und Wasserpieper vor.
Die erst seit einigen Jahrzehnten heimischen Gemsen stammen von den in den 30er Jahren im Feldberggebiet ausgesetzten Tieren ab.
Aufgrund seiner einzigartigen Natur und Landschaft wurde der Belchen bereits 1949 unter Naturschutz gestellt. Heute zählt dieses Naturschutzgebiet mit ca. 1600 ha zu den größten in Baden-Württemberg. Wegen des zunehmenden Verkehrs auf der Belchenstraße entwickelte man verschiedene verkehrsberuhigende Maßnahmen. So war der Belchen 1990 der erste Berg im Südschwarzwald, dessen Gipfelstraße in den Sommermonaten an Sonn- und Feiertagen für Privatautos gesperrt wurde. An diesen Tagen werden zusätzliche Wanderbusse eingesetzt.
Heute ist die Belchenstraße von Juli bis Ende Oktober an allen Wochenenden und Feiertagen für Privatautos gesperrt – zum Wohle der Natur, aber auch zur Freude des Wanderers, den am Gipfel keine Blechlawine mehr, sondern wieder gute Luft und Naturgenuß erwarten.

Eisverblasene Fichte am Belchen-Gipfel.

Ein Mosaik aus offenen, halboffenen und geschlossenen Flächen sowie Felsen macht die Südseite des Belchen so wertvoll für den Naturschutz.

Der Hohfels auf der Südseite des Belchen.

Von Eis und Wasser geschaffen

Die Wutachschlucht

Die Wutachschlucht kann man nur unzulänglich beschreiben. Man muß die vielfältige Natur mit der ihr dort eigenen Dramatik erlebt haben. Diese Landschaft zählt zu den schönsten und eigenartigsten in Baden-Württemberg. Die Wutach ist zu allen Jahreszeiten faszinierend – im Eis erstarrt, mit einer durch Schmelzwasserströme oder Gewitterregen reißenden Flut, im trockenen Sommer als harmloses Flüßchen oder im farbenfrohen Herbst.
Die Wutach kommt vom Feldberg und vom Titisee. In einem breit ausladenden Tal durchfließt sie den Untergrund aus Urgesteinen und Buntsandstein. Erst beim Eintritt in die Formationen des Muschelkalks wird die »Gutach« zur gefährlichen »Wutach«. Jetzt arbeitet sie sich tief ins Gestein ein und bildet jene wilde Schlucht, die mit ihren Felsköpfen und -wänden, ihren Schluchtwäldern und ihrer reichen und verschiedenartigen Flora ein einzigartiges Naturerlebnis bietet. Diese Erosionsschlucht beginnt bei Achdorf unterhalb von Neustadt im Schwarzwald. Sie verliert ihren dramatischen Charakter mit dem Eintritt in den Jura, wenige Kilometer unterhalb der Einmündung der nicht minder sehenswerten Gauchachschlucht.
Die Wutachschlucht läßt den Besucher auch an ruhigen Tagen erahnen, wie wild es hier oft zugeht. Das Wasser sucht sich neue Wege; ganze Kiesbänke werden meterweit versetzt. Hangrutschungen und Felsstürze tun ein Übriges. Zwischen der Schatten- und der Wutachmühle wird der Pfad manchmal so eng, daß dem Wanderer Trittfestigkeit und mitunter Schwindelfreiheit abverlangt werden. Gute Ausrüstung ist daher zu empfehlen; auch an Verpflegung für den stundenlangen Marsch sollte gedacht werden, denn zwischen den beiden Mühlen gibt es keine Einkehrmöglichkeit. Das Hotel Bad Boll, das vor hundert Jahren vor allem bei Engländern ein geschätzter Stützpunkt fürs Angeln war, ist längst verfallen.
Die Wutach war einst einer der Quellflüsse der Donau. Vor etwa 70 000 Jahren wirkte sich dann

Die Lotenbachklamm bildet eine Seitenschlucht der Wutach.

allerdings die Anziehungskraft des tiefer gelegenen Hochrheins so stark aus, daß sie sich ihm in südlicher Richtung zuwandte.
Die Pflanzengesellschaften der Wutachschlucht lassen sich in drei Gruppen einteilen. Die Talsohle wird von Grauerlen und Weidenbüschen dominiert. Dazwischen leuchten im Frühling die weißen Blüten der Traubenkirsche. Die giftigen Eisenhüte – der Blaue, der Gelbe oder der Wolfseisenhut – fühlen sich hier sehr wohl, beherrschend aber sind die Gemeine Pestwurz mit ihren im Sommer rhabarberähnlichen Blättern und die Kohlkratzdistel. Die purpurroten Korbblüten der Bergdistel erheben sich fast zwei Meter hoch über den Boden. Gelbstern und Gelbe Anemone verstecken sich eher, und man muß schon genau hinsehen, um das kleine Moschusblümchen zu entdecken. In großer Zahl findet sich in der Aue der ganzjährig trüb-grüne Winterschachtelhalm.

Steile Muschelkalkwände kennzeichnen die Wutachschlucht.

1

2

3

4

Pflanzen im Schluchtwald: das Immenblatt, einer der größten bei uns vorkommenden Lippenblütler (1), der seltene Rosmarin-Seidelbast (2), der blattgrünlose Widerbart (3), das Indische Springkraut (4) und der Waldgeißbart (5).

5

Auch in der Wutachschlucht machen sich Verfremdungen der natürlichen Flora breit. Während das Echte Springkraut durchaus in den Auwald und den schattigen Klebwald gehört, hat sich hier aber auch das Indische Springkraut angesiedelt. Eine sehr attraktive Pflanze mit großen, rotüberlaufenen Blüten, sie verfälscht jedoch das Bild der ursprünglichen Flora, und sie droht, manches zu verdrängen.

Nicht nur die hohen Muschelkalkfelsen schießen steil empor, auch der bewaldete Nordhang gerät zum echten Klebwald, zum »Eschen-Ahorn-Schluchtwald«. Tannen und andere Baumarten mischen sich darunter. Hier blühen am Ende des Winters schon die Frühlingsknotenblume und bald danach das Lungenkraut. Die Felsen sind mit Lebermoosen überzogen und mit der Zwergglockenblume. In wahren Mengen tritt das schöne Silberblatt als stattlicher Kreuzblütler auf. Der Waldgeißbart zieht sich weit den Waldhang hinauf. Das Christophskraut begleitet ihn, ebenso der rote Hasenlattich und die Quirlblättrige Weißwurz, eine Verwandte des Salomonssiegels. Manche Farne fühlen sich hier wohl, darunter der Nordische Streifenfarn und der Gemeine Tüpfelfarn.

Die Vielzahl der im Bereich der Wutachschlucht vorhandenen Pflanzenarten, insgesamt über 1200, kann hier nur angedeutet werden. Von ganz anderem Charakter als der schattige Nordhang rechts der Wutach sind die oft bizarr anmutenden Südhänge mit Ahorn-Lindenwald; dazwischen findet man Eichen, Mehl- und Elsbeere. Hier gedeiht der Türkenbund als eines der stattlichsten Liliengewächse. Das Wald-Bingelkraut bedeckt den Boden, ferner Seidelbast und verschiedene Orchideen. Beim Austritt auf kleine Lichtungen findet man die Frühlingsplatterbse als Vertreter der Schmetterlingsblütler am Wald- und Gebüschsaum. In der vollen Sonne sind schöne Standorte der Steppenheide ausgebildet. Die Felsenbirne krönt den Felsrand, daneben hat sich das Blaugras angesiedelt. Die Ästige Graslilie und der Blutstorchschnabel fühlen sich hier wohl, und unübersehbar prägt die Pfirsichblättrige Glockenblume das Bild. Das seltene Immenblatt, einer unserer größten Lippenblütler, kann man entdecken und an felsigen Stellen als große Kostbarkeit den Rosmarin-Seidelbast, unser »Reckhölderle«.

500 Schmetterlings- und 100 Vogelarten bietet die Schlucht mit ihren Wäldern, den steilen Felsen und der Flußaue Lebensraum. Zahlreiche seltene Tier- und Pflanzenarten konnten in diesem Gebiet überleben, da es wirtschaftlich und verkehrsmäßig wenig erschlossen ist.

Nördlich der Wutachschlucht erstreckt sich die Baar, Bindeglied zwischen Schwarzwald und Alb. Der Kenner findet hier das Kriechende Netzblatt, die Korallenwurz oder sogar den seltsamen, blattgrünlosen Widerbart – allesamt interessante Mitglieder der Orchideenfamilie.

Hochflächen und Talschluchten

Im Albtal

Naturnahe Waldbilder mit Tanne, Buche und sogar Eiche bestimmen die felsdurchsetzten Westhänge im oberen Albtal.

Mit seinen Hochflächen und Talschluchten gehört der südöstliche Teil des Schwarzwaldes zu den landschaftlich reizvollsten und gleichzeitig abgelegensten Teilen dieses Waldgebirges. Der anregende Wechsel zwischen weiten Höhen mit phantastischen Ausblicken zu den Alpen und an Urlandschaften erinnernde Schluchten zieht den Betrachter immer wieder in Bann. Die Flüsse, die hinunter zum Hochrhein streben, heißen Wehra, Murg und Alb, Schwarza, Mettma, Schlücht, Steina und Wutach.

Am Beispiel der Alb sollen exemplarisch die Charakteristika der Schluchttäler aufgezeigt werden. Die Schilderung dieses Flusses regt dabei stets zum Vergleich mit anderen an, die Verengung des Blickwinkels verführt gerade zum »Seitensprung«. Zwei Quellbäche bringen die Alb zuweg: die Bernauer Alb und die Menzenschwander Alb-Bäche, die aus den Flanken des höchsten Bergmassivs im Südschwarzwald gespeist werden: Herzogenhorn und Feldberg.

Am Zusammenfluß bei der Glashofsäge auf knapp 800 Meter Höhe treten die Hänge zu einem weiten Hochtal auseinander. Galeriewälder mit Grauerle zeichnen bis weit über St. Blasien hinaus den Flußverlauf nach. Die Gletscher der letzten Eiszeiten haben das Flußtal zu einem weiten Hochtal mit breiter Sohle ausgeschliffen. Der Albgletscher – mit 25 Kilometern der längste des Schwarzwalds – prägte den Talcharakter bis nach Niedermühle. Im Gegensatz zum hohen Gefälle der beiden Quellbäche von 25 Prozent lassen die nacheiszeitlich aufgeschotterten Verebnungen nur noch ein Gefälle von etwa 2 Prozent zu. Kaltluftseen gehören daher zu den regelmäßigen Erscheinungen dieses Talabschnitts, die Zahl der jährlichen Frosttage im Talboden kann 150 überschreiten. Nur die nordisch verbreitete Grauerle, die bis über 70° nördliche Breite vorstößt, vermag diese klimatischen Extreme zu verkraften.

Die von Hochstauden bestimmte Krautschicht unter dem Blätterdach der Erle blüht in weiten Teilen des Jahres: Schon im zeitigen Frühjahr verströmen die rosafarbenen Blütenbüschel des Seidelbasts ihren Duft, bald darauf folgen Buschwindröschen und das unauffällige Moschuskraut. Optische Höhepunkte des Sommers sind blauviolett und gelb blühende Eisenhut-Arten sowie die Türkenbundlilie.

Im Abschnitt unterhalb der Glashofsäge kann man der Alb auf dem Dreiländerweg nach St. Blasien zwischen Wiesen und Waldrand folgen. Die Erschließung des »Waldes«, wie die Hotzenwälder ihre Heimat heute noch nennen, während der letzten Rodungsperiode ab etwa 1200, ging maßgeblich von dieser Klosteransiedlung der Benediktiner aus. Innerhalb des Immunitätsbezirks des Klosters, dem sogenannten Zwing und Bann, welcher ein Gebiet von über 250 km^2 ausmachte, gehen sämtliche Siedlungen auf die Rodungstätigkeit der Fratres exteriores, einer ausgewählten Gruppe von Mönchen, zurück. Die Endung -schwand in den Ortsnamen der Gegend, wie z.B. bei Höchenschwand, Wittenschwand, Ruchenschwand, weist auf das damalige »Waldschwinden« hin.

Unterhalb von St. Blasien mit seinem imposanten Dom verläßt die Alb eine von Nordwest nach Südost verlaufende, geologisch vorgezeichnete Linie und wendet sich nach Süden. Ab dem Albstausee, der der Stromgewinnung dient, muß man die ausgetretenen Pfade markierter Wanderwege verlassen und sich seinen Weg talwärts anhand der topographischen Karten suchen.

Steile und hohe Talflanken bündeln den Blick nach Süden. Etwa 300 Meter Höhenunterschied sind es bis zu den Weidfeldern und Wiesen bei Urberg oder auf den Höchenschwander Berg. Auf dem Weg hinauf durchwandert man ausgedehnte Tannen-Buchenwälder, eine der typischen Waldgesellschaften für die montane Region des Gebietes. So anregend der Weg an mächtigen Weißtannen vorbei auch ist, so arm ist die Vielfalt am Boden. Insgesamt sind die Wälder recht dunkel, vielleicht eine Folge der ungünstigen Bewirtschaftungsmöglichkeiten und dem seit vielen Jahren zurückgehenden Holzeinschlag. Nur an kleineren Lichtungen kommen Waldmeister, Wald-Schwingel, Goldnessel oder Hasenlattich zur Blüte.

Zurück im Tal taucht zur Rechten hoch oberhalb der Mündung des Schmiedebachs der Bildsteinfelsen auf, eines der großen Felsmassive im Albtal. Hier findet man ursprüngliche Felsstandorte, die

Die hell glänzenden Stämme der Grauerle säumen den Zusammenfluß von Menzenschwander und Bernauer Alb.

vom Menschen nie direkt beeinflußt wurden und von überragender Bedeutung für Tier- und Pflanzenarten sind, denen ein Überleben nur außerhalb des geschlossenen Waldes möglich ist.

Die wenigen, etwas flacheren Hänge des Schmiedebachtals hat der Mensch urbar gemacht, die Steine ausgelesen und zu Steinriegeln aufgehäuft. Niedermoore, Magerwiesen und Weiden vervollständigen das Bild einer historisch gewachsenen Schwarzwälder Kulturlandschaft im Kleinformat. Der aufmerksame Beobachter sieht in umgewidmeten Höfen, Grünlandaufforstungen und vernachlässigten Viehweiden allerdings untrügliche Hinweise auf den Rückzug der Landwirtschaft. Die angespannte wirtschaftliche Situation der Schwarzwaldbauern läßt keinen Platz mehr für das romantische Empfinden der Städter.

Bei Immeneich fließt die Alb noch immer im glazial ausgeschürften breiten Talboden. Die Suche nach der den Ortsnamen prägenden (Trauben-) Eiche führt uns an den fast nach Südwesten schauenden Hang im Gewann »Stutz«. Nicht nur kleine Felsen, sondern auch ausgedehnte Blockschutthalden stellen extremste Anforderungen an die Vegetation. Die schon eiszeitlich entstandenen Schutthalden sind noch immer in Bewegung. Eine Fülle verschiedener Standorte schafft Raum für ungewöhnlich artenreiche Verhältnisse in der Baumschicht. Anstehenden Fels und gefestigte Blockhalden bereichern Traubeneiche und Mehlbeere, bewegteren Untergrund besiedeln mehrschäftige Sommerlinden, der Berg-Ahorn und erstaunlicherweise die Vogelkirsche. An den offenen Halden finden robuste Pionierarten wie Vogelbeere, Birke, Zitterpappel und Haselnuß Entfaltungsmöglichkeiten. Krautige Pflanzen fristen hier auf instabilem, feinerdearmem Untergrund und in praller Sonne ein Schattendasein. Kleine Polster des Weißen Mauerpfeffers und der blaßgelb blühende Salbei-Gamander versuchen, sich am stabilen Stammfuß von Haselbüschen festzuhalten. In den offenen, bewegten Schutt dringen aber selbst Moose und Flechten nicht mehr vor.

Bei Niedermühle geht das behäbig breite, glazial geformte Albtal abrupt über in die siedlungsfreie Albschlucht. Von ca. 600 Meter Höhe gräbt sich das Wasser über knapp 15 Kilometer auf 300 Meter Höhe zum Hochrhein hinunter. Der Gewanname »Teufelsküche« drückt die Talmorphologie in der Sprache mittelalterlicher Namensnennung aus. Hier endete bis 1854 der von St. Blasien kommende Karrenweg. Zwischen 1854 und 1859 wurde der unwegsame Abschnitt zwischen Niedermühle und Albbruck dann mit Hilfe von Felssprengungen durchgängig gemacht. Seitdem führt eine noch heute schmale Straße die Steilhänge entlang direkt nach Albbruck hinunter.

Im Flußbett teilen sich Fels und Wasser den enger werdenden Raum. Einen gewässerbegleitenden

Am Rand des Höchenschwander Moores hoch über dem Albtal schlängelt sich ein kleiner Bach, vorbei an Sumpfdotterblumen und Hahnenfuß.

Standort für Überlebenskünstler. Die großen Schutt- und Blockhalden bei Immeneich sind seit der Eiszeit waldfrei geblieben.

Mediterran anmutende Eichenwälder kennzeichnen die nach Süden gelegenen Steilhänge des unteren Albtales.

durchgehenden Galeriewald gibt es nicht mehr, die Schwarzerle hat längst die Grauerle ersetzt. Auch die Vegetation der Talhänge hat sich verändert. Den Standortansprüchen von Tanne und Buche entsprechen eher die frischeren und kühleren Hänge der Schlucht. Das Schneeglöckchen hat hier zwischen Felshängen gut geschützt eines der seltenen natürlichen Vorkommen im Land.

In den wärmebegünstigten felsdurchsetzten Lagen prägen schlechtwüchsige Eichen das Bild. Über krummschäftigen Stämmen erreichen die tief angesetzten Kronen kaum Höhen über 8 – 10 Meter. Typisch für diese lichten Wälder auf trockenen, nährstoffarmen und sauren Böden sind der schon erwähnte Salbei-Garmander und die Weiße Hainsimse. Aus der interessanten Gattung der Wachtelweizen findet man häufig den Wiesen-Wachtelweizen. Saugorgane, die den Wurzeln benachbarter Pflanzen aufsitzen, ermöglichen es den Wachtelweizen-Arten, Wasser und Nährstoffe zusätzlich von einem Wirt aufzunehmen. Habichtskräuter, vor allem das Wald-Habichtskraut, an felsigen Stellen das Nickende Leimkraut sowie Flügel- und Färberginster vervollständigen das Bild gelb und weiß blühender Arten.

Ein Blick auf die Vogelwelt verdeutlicht Kontinuität und Wechsel. Zusammen mit dem seltenen Eisvogel können Gebirgsstelze und Wasseramsel als Charaktervögel des gesamten Flußlaufs gelten. Typisch für die altholzreichen Buchen-Tannenwälder im nördlichen und mittleren Talabschnitt sind Schwarzspecht und Hohltaube. Beide legen ihr Nest in Baumhöhlen an, aber nur der Schwarzspecht baut sie selbst. Hohltauben sind wie baumhöhlenbewohnende Fledermäuse auf natürliche Hohlräume oder die Vorarbeit des Schwarzspechts angewiesen. Entscheidend ist jedoch eine zurückhaltende Waldnutzung, die das Alter der Bäume nicht nur als wirtschaftlichen Parameter, sondern auch als Lebensgrundlage für eine Vielzahl von Tierarten begreift.

Zum Schluchtausgang hin werden Zivilisationsgeräusche lauter. Das Hochrheintal hebt sich durch seine historisch gewachsene und inzwischen dichte Besiedelung ab. Es ist Verkehrsachse in westöstlicher Richtung und schon früh industrialisiert worden. Die Papierfabrik in Albbruck hat, direkt neben der Alb liegend, ihren Lauf und die Wasserführung beeinflußt. Eine natürliche Vermischung des Wassers aus dem Schwarzwald und dem Bodensee wird seit der Kraftwerksnutzung des Rheines nicht mehr zugelassen. Eingefaßt von viel Beton treffen sich die Alb und der Werkkanal des Kraftwerks Albbruck-Dogern. Es bleibt zu hoffen, daß die ökologisch ausgerichteten Konzeptionen zur Umgestaltung des Hochrheins und seiner Zuflüsse der Albmündung zurückgeben, was man ihr genommen hat.

Farbenprächtige Felsflora gibt es auch im Grundgebirge. Nickendes Leimkraut (im Vordergrund), Habichtskräuter und Besenginster sind besonders häufig.

Raritäten am Kalkfels

Der Isteiner Klotz

Der Isteiner Klotz ist ein Teil der Vorbergzone zwischen Rheintal und Schwarzwald. Er erstreckt sich von Rheinweiler im Norden bis nach Efringen im Süden über eine Länge von etwa sieben Kilometern. Im Gegensatz zu den weiter nördlich und südlich angrenzenden Teilen der Vorbergzone, die sanft ansteigend zum Schwarzwald vermitteln, bildet der Isteiner Klotz im Westen eine steile Geländestufe. Die harten schichtungslosen Korallenkalke (Malmkalke) bilden hier eine schroffe Erosionskante.

Bei Istein stoßen die Malmkalkhänge unmittelbar an die Aue des Rheins. Fährt man auf der alten Rheinstraße von Norden kommend nach Istein, so trifft man am Ortseingang auf einen vorspringenden Kalkfelsen, den eigentlichen Klotzen oder

Der Klotzen bei Istein. Einen reizvollen Kontrast bildet die steile Felswand und der helle Malmkalk zur Rheinebene mit ihrer grünen Vegetation.

Klotzensporn. Seine Hohlkehle weist heute noch auf die aushöhlende Wirkung des Rheins hin, der in früheren Zeiten bis hierher reichte.
Istein, das 1139 erstmals urkundlich erwähnt wird, war bis Mitte des 19. Jahrhunderts ein Fischer- und Lotsendorf. Durch die Besiedlung und Kultivierung der Vorbergzone wurde auch die Landschaft am Isteiner Klotz nachhaltig verändert. Die Rheinaue verlor ihr ursprüngliches, wildschönes Gepräge jedoch erst durch die von Johann G. Tulla durchgeführte Rheinkorrektion. Von 1850 bis 1876 wurde das Flußbett bei Istein von seiner ursprünglichen Breite von etwa 2000 auf 200 Meter eingeengt und mit Hochwasserdämmen versehen. Wie von Tulla vorausgesehen, schnitt sich der Rhein infolge der Laufverkürzung und der damit verbundenen Zunahme der Fließgeschwindigkeit in sein »Korsett« ein. Die Eintiefung jedoch erreichte mit durchschnittlich 8 Metern ein unerwünschtes Ausmaß und hatte eine erhebliche Grundwasserabsenkung zur Folge. Da sich der Grundwasserspiegel nach dem Bau des Rheinseitenkanals um weitere 2–3 Meter senkte, führte dies teilweise wieder zur Aufgabe von Acker- und Obstbau, der erst seit Anfang dieses Jahrhunderts in der Aue möglich gewesen war. So entstand in der ehemaligen Rheinaue auf kiesigen Standorten ein Trockengebiet.
Dort, wo der Malmkalk auch die Flußsohle bildet, tritt diese seit der Korrektion immer stärker zutage. Früher waren die Stromschnellen in diesem Bereich bei der Schiffahrt ein gefürchtetes Hindernis. Heute stellen die aus dem Wasser ragenden Kalkfelsen – die Isteiner Schwellen – ein Ausflugsziel dar.
Gewandelt hat sich auch der Ort Istein; aus dem

Der Kugel-Lauch ist auf flachgründigen Felspartien zu finden; hier mit dem Schneckenhaus einer Großen Turmschnecke.

Seit der Fertigstellung des Rheinseitenkanals ist die Wassermenge im Rhein stark zurückgegangen, so daß die Isteiner Schwellen großenteils zutage treten.

ehemaligen Fischer- und Lotsendorf entstand ein Rebbau- und Bergbaudorf. Für den Bahnbau (bei Istein von 1844–1848), die Befestigung des neuen Rheinbettes, die Festungsanlagen der beiden Weltkriege und schließlich den Straßenbau wurden große Wunden in die Malmkalkfelsen geschlagen. Der Bergbau dauert bei Efringen bis heute an. Der Abbau bei Kleinkems konnte dadurch begrenzt werden, daß ein Teilgebiet des Isteiner Klotzes unter Naturschutz gestellt wurde.

Das ohnehin sehr milde Klima des Oberrheingebietes ist hier auf den süd- bis westexponierten Kalkfelsen besonders günstig und spiegelt sich in der einzigartigen Zusammensetzung von wärmeliebenden, submediterranen sowie subkontinentalen Pflanzen- und Tiergemeinschaften wider.

Ursprünglich war der Isteiner Klotz weitgehend bewaldet; nur die extrem flachgründigen Felspartien, die von Natur aus baumfrei waren, blieben der Felsspalten- und Trockenrasen-Vegetation vorbehalten. Ihr Lebensraum hat sich durch Abbautätigkeit, Sprengung der Festungsbauten nach den Kriegen und Weinbau flächenmäßig stark reduziert. Die Vegetation jedoch ist in der typischen Ausprägung und Artenzusammensetzung erhalten geblieben. Der Isteiner Klotz ist eines der wenigen Gebiete in Deutschland mit primärer Trockenvegetation. Ihre extrem flachgründigen, heißen und trockenen Standorte finden sich auf dem Klotzensporn, an den Kalkfelsen sowie dessen Kuppen. Hier steht der Trockenrasen sowohl in Kontakt zu Felsband- und Felsspaltenfluren als auch zu Felsenbirnen-Gebüsch, Flaumeichenwald und deren Diptam-Saum.

Am Isteiner Klotz kommen Raritäten vor, die hier eines ihrer wenigen oder sogar ihr einziges Vorkommen in Deutschland haben. Der Flaumeichenwald beherbergt die seltene schmarotzende

Die wärmeliebende Gottesanbeterin ist eine der auffälligsten Tierarten am Isteiner Klotz.

Die Pimpernuß, ein auffälliger Strauch mit gefiederten Blättern und hängenden, weißen Blütenständen, kommt hier vor allem im Eichen-Lindenwald vor.

Die Bocks-Riemenzunge stellt eine der vielen seltenen Orchideenarten dar, die in den Trockenrasen der ehemaligen Rheinaue bei Istein vorkommen.

Efeu-Sommerwurz. Ihr Wirt, der Efeu, klettert bis in die Baumkronen empor und verleiht dem Flaumeichenwald sogar im Winter einen grünen Aspekt. Die submediterrane Pimpernuß prägt die Strauchschicht, und der wohlriechende Diptam kommt in der Krautschicht des lichten Flaumeichenwaldes vor. Zudem bildet der Diptam zusammen mit Strauchwicke und Blut-Storchschnabel farbenprächtige Säume an der oberen Klotzenkante. Der Trockenrasen weist als submediterrane Arten Kugel-Lauch und Faserschirm sowie als subkontinentale Arten Grundblütige Segge und Zierliches Federgras nebeneinander auf. Das Berg-Steinkraut findet im Trockenrasen und vor allem in den Felsspaltenfluren, zusammen mit dem Bleichschwingel, die Westgrenze seiner Verbreitung.

Die Grundwasserabsenkung hat in der ehemaligen Rheinaue großflächige Vegetationsveränderungen nach sich gezogen. Die Auenvegetation wurde bis auf kleinflächige Restbestände vernichtet. Blumenbunte und orchideenreiche Trockenrasen sowie ausgedehnte Sanddornbestände sind an ihre Stelle getreten.

Der Sonnenbalkon des Nordschwarzwaldes

Der Schliffkopf

Wie Kulissen einer Theaterbühne schiebt sich im Nordschwarzwald ein Höhenzug hinter den anderen.

Um es gleich vorwegzunehmen: Einen Tip, zu welcher Jahreszeit man den Schliffkopfgipfel am besten besuchen sollte, kann man nicht geben. Hier oben, in über 1000 Meter Höhe, kann man herrliche Sonnentage erleben, wenn es im Rheintal und im Neckarland neblig-trüb ist, aber auch umgekehrt. Es kommt öfters vor, daß in Freudenstadt ganz annehmbares Wetter ist, während auf dem nur 15 Kilometer entfernten Schliffkopf Nebelwolken dafür sorgen, daß man »die Hand nicht vor den Augen sieht«.
Wer Glück hat bei seiner Schliffkopfwanderung, der wird mit traumhafter Fernsicht über den Südschwarzwald zu den Alpen, zur »blauen Mauer« der Schwäbischen Alb und zur Gipfelkette der Vogesen belohnt. Dieses Glück kann einem übrigens zu jeder Jahreszeit widerfahren; im Spätherbst und im frühen Frühjahr sind die Chancen auf Fernsicht allerdings am größten. Wer hingegen sein Augenmerk mehr auf die Vegetation als auf das Schwarzwaldpanorama richten möchte, dem seien eher die Sommermonate zu empfehlen.
Wer mit dem Auto anreist, hat im Bereich des Schliffkopfs zahlreiche Möglichkeiten für Spaziergänge und Wanderungen jeder Größenordnung. Mit öffentlichen Verkehrsmitteln ist es schon

Wollgras ist eine Zierde der Moorheiden. Hier ist das seltene Breitblättrige Wollgras zu sehen.

schwieriger, denn es gibt nur wenige Busverbindungen und Bushaltestellen entlang der Schwarzwaldhochstraße. Um nicht mit ständigem Blick auf die Uhr wandern zu müssen, ist daher der öffentliche Nahverkehr hier ausnahmsweise nicht zu empfehlen.

Der Schliffkopf ist nach der wenige Kilometer nordwärts gelegenen Hornisgrinde mit 1055 Metern die zweithöchste Gipfellage des Nordschwarzwaldes und Teil eines durchgehenden Buntsandstein-Höhenrückens von der Hornisgrinde bis zum Kniebis. Das Naturschutzgebiet Schliffkopf gehört zu den ältesten in Baden-Württemberg und liegt beiderseits der früheren württembergisch-badischen Grenze, die nach wie vor durch eine ganze Reihe mächtiger Grenzsteine mit Wappen und Jahreszahlen entlang des Höhenwanderweges dokumentiert ist.

Als das Naturschutzgebiet 1938 geschaffen wurde, wurde noch seine »weltferne Urwüchsigkeit und Ruhe« gelobt, doch damit ist es längst vorbei. Beides ging seit dem Bau der einst aus militärischen Gründen angelegten Schwarzwaldhochstraße durch den zunehmenden Tourismus verloren. Wer die Eigenart und Schönheit dieser Landschaft in Ruhe genießen möchte, sollte sich einen Werktag aussuchen. Daß Natur und Landschaft auf dem Schliffkopfgebiet noch einigermaßen heil sind, ist dem Umstand zu verdanken, daß im Naturschutzgebiet das Verlassen der Wege untersagt ist, und seit einigen Jahren ein Mitarbeiter der Naturschutzverwaltung darauf achtet, daß dieses Verbot eingehalten wird. Hauptsächlich an Herbstwochenenden, wenn Talnebel die Menschen auf die Höhe treibt, durchziehen wahre Massen das Gebiet, um hier zu entspannen, die Sonne zu genießen und den weiten Blick über Berge und Täler schweifen zu lassen.

Auch im Winter bieten sich dem Spaziergänger auf dem Schliffkopf herrliche Landschaftsbilder.

Der Nordschwarzwald erhielt seine heutige Gestalt in der Eiszeit, als in den Hochlagen »ewiges Eis« herrschte, das die Bergkuppen glatthobelte und an den Hängen Kare ausschürfte, in denen es bis heute Karseen wie den Wildsee, den Buhlbachsee oder den Ellbachsee gibt. Auch die runden »Höcker« der Bergkuppen stammen aus der Eiszeit; das Wasser, das die Umgebung stark zerfurcht hat, konnte den höchsten Lagen bis heute wenig anhaben.

Der Buntsandstein prägt das Gebiet: die geringmächtigen Böden sind extrem nährstoffarm. Das Klima ist hier rauh, die Jahresdurchschnittstemperatur liegt bei nur 6° C. Mit rund 2000 mm pro Jahr fallen hier doppelt soviel Niederschläge wie auf der Schwäbischen Alb und viermal soviel wie im trockensten Gebiet Baden-Württembergs, dem Tauberland. Diese Faktoren bringen es mit sich, daß das Gebiet für die landwirtschaftliche Nutzung nur sehr bedingt geeignet ist. Auch als Waldstandort ist es problematisch und dient heute in den nicht bewaldeten Teilen ausschließlich Naturschutz- und Erholungszwecken.

Das war nicht immer so: Mit der Besiedlung der Randlandschaften des Schwarzwaldes im 15. Jahrhundert wurden auch die Hochlagen in die Landnutzung einbezogen. Eine Art Almwirtschaft wurde bis in das 17. Jahrhundert betrieben; Flurnamen wie Melkerei- oder Geißkopf erinnern daran. Wirtschaftlich interessant wurden die unwegsamen Höhen und Waldschluchten allerdings erst im 18. Jahrhundert: Köhlereien, Aschebrennereien und Glashütten benötigten Holz, zudem wurde Bauholz geschlagen und auf den Bächen geflößt, und schließlich wurden auch Teile des Waldes abgebrannt, um weitere Weideflächen zu schaffen. Auch wenn man es kaum glauben mag und es sich nur schwer vorstellen kann: Der Schwarzwald war vor 250 Jahren weitgehend ein Gebirge ohne Wald.

Der Schliffkopf ist eine der wenigen Lagen, die bis heute nicht wieder bewaldet sind. Karge Bodenverhältnisse und rauhes Klima lassen die natürliche Bewaldung nur ganz langsam zu. Legföhren sind zunächst das einzige, was gedeiht; die Fichte nimmt dann erst allmählich Besitz von den letzten Freiflächen, die man hier »Grinden« nennt.

Wenn man diese Grindenflächen, die zwischen Ruhestein und Alexanderschanze rechts und links der Schwarzwaldhochstraße die Hochlagen bestimmen, besuchen möchte, begibt man sich am besten auf den durchgehenden »Westweg« des Schwarzwaldvereins, der parallel zur Straße immer der Kammlinie und zugleich der bereits erwähnten alten Landesgrenze folgt. Für die etwa 14 Kilometer lange, gut markierte und beschilderte

Orchideen am Wegesrand: das Gefleckte Knabenkraut.

Das Naturschutzzentrum »Ruhestein im Schwarzwald« wurde 1997 neu eröffnet und dient der Besucherinformation.

Abendstimmung auf dem Schliffkopfgipfel: Blick über die Vorbergzone in die Rheinebene.

Strecke zwischen Ruhestein und Alexanderschanze sollte man vier bis fünf Stunden veranschlagen; selbstverständlich kann man von den Parkplätzen aus entlang der Straße auch einzelne Abschnitte auswählen.

Der an Hanglagen zu durchwandernde, geschlossene Fichtenwald reißt auf den Kuppen immer wieder auf und gibt den Blick in eine von Legföhrengruppen gegliederte Grindenfläche frei. An einigen Stellen sind die Folgen »neuartiger Walderkrankungen«, allgemein bekannt als »Waldsterben«, nicht zu übersehen: Freiflächen, in denen der Hochwald abgestorben und zusammengebrochen ist; Borkenkäfer taten dabei ein übriges. An den Rändern der Blößen sieht man alte Fichten, mit schütterer Benadelung und ohne Vitalität – die nächsten Bäume, die durch Luftschadstoffe und Käfer absterben werden.

Die Vegetation der Grindenflächen ist auffällig: Während das Borstgras auf trockene Standorte beschränkt ist, werden die feuchteren, großflächigen Gebiete von der Rasenbinse, hier »Bocksergras« genannt, dem hohen Pfeifengras und dem Heidekraut eingenommen. Dazwischen finden sich Torfmoose, die mit ihren Gipfelsprossen von Jahr zu Jahr weiterwachsen, während die unteren Teile allmählich absterben und torfige Polster bilden. Auch das Scheidige Wollgras mit seinen auffälligen Fruchtständen ist typisch für diese Hochlagen. Vor allem die Torfmoose bestimmen das Bild der Feuchtheiden auf den verdichteten, tonigen Böden und bilden die Grundlage für eine charakteristische Flora, die allerdings sehr empfindlich ist und vor Trittbelastung geschützt werden muß.

Der »Westweg« führt zum höchsten Punkt, dem Schliffkopfgipfel. Ein mit Buntsandsteinplatten belegtes Rondell stammt ebenso aus der militärischen Vergangenheit des Zweiten Weltkrieges wie das dichte Wegenetz im Gipfelbereich und mehrere unterirdische Bunkerreste. Von diesem Punkt aus hat man einen herrlichen Fernblick, und wenn man nicht alles sieht, was auf der Panorama-Erläuterungstafel eingraviert ist, so ist der einzige Grund dafür der Dunst der Ferne.

Im Norden – etwas versteckt zwischen aufkommendem Gehölz – ist der rot-weiße Fernsehturm der Hornisgrinde sichtbar, im Osten reicht der Blick über das obere Neckarland hinüber zu den Höhen der Schwäbischen Alb. Im Süden erkennt man den Feldberg und den Belchen und vielleicht irgendwo darüber ein paar Schneefelder von Alpengipfeln. Stunden mit Alpensicht, bei denen das Gebirge ganz unwirklich »zum Greifen nah« ist, sind allerdings sehr selten. Die Vorbergzone mit ihren kulissenartig hintereinandergeschobenen Hügelkämmen fällt ab in die Rheinebene, in der man wegen anhaltendem Dunst nur selten Einzelheiten wie zum Beispiel das Straßburger Münster unterscheiden kann. Deutlicher ist der Blick hinüber in die Vogesen, wo der Kenner an den charakteristischen Bergformen manchen bekannten Gipfel ausmachen kann.

Vor oder nach einer Wanderung auf dem Schliffkopf-Höhenrücken sollte man das Naturschutzzentrum »Ruhestein im Schwarzwald« besuchen. In der gründerzeitlichen Villa direkt an den Parkplätzen »Ruhestein« (Straßenabzweigung nach Baiersbronn von der Schwarzwaldhochstraße) wurde ein interessantes Informationszentrum eingerichtet, das von einer vom Land Baden-Württemberg, den Landkreisen Freudenstadt und Ortenaukreis sowie den Nachbargemeinden gemeinsam getragenen Stiftung betrieben wird. Neben einer Ausstellung über den Naturraum Nordschwarzwald und Wechselausstellungen zu naturkundlichen Themen gibt es ein breites Informationsangebot über die Landschaft der näheren und weiteren Umgebung. Naturkundliche Seminare und Exkursionen runden das Angebot ab. Auch für Kinder ist einiges geboten, unter anderem ein Naturerlebnisraum, der selbst an einem Regen- oder Nebeltag Anregungen und Unterhaltung verspricht.

Stille Moorseen

Der Hohlohsee und das Wildseemoor bei Kaltenbronn

Der Hohlohsee und das Wildseemoor zählen zu den bekanntesten Wanderzielen des nördlichen Schwarzwaldes. Sommer wie Winter herrscht auf den Wanderwegen rege Betriebsamkeit, und es muß schon ein unfreundlicher Regen- oder Nebeltag sein, wenn man dort oben an den Moorseen oder am Hohlohturm niemandem begegnet. Der Besucheransturm ist manchmal so groß, vor allem an Herbstwochenenden bei schönem Wetter, daß die Naturschutzverwaltung Maßnahmen zur Besucherlenkung vornehmen muß, um Schäden sanieren und weitere Beeinträchtigungen verhindern zu können.

Der beste Ausgangspunkt für eine Wanderung zum Hohlohsee und zum Wildseemoor ist Kaltenbronn, ein Weiler mit einer Ausflugsgaststätte, der an der Straße vom Großen Enztal (Bad Wildbad-Sprollenhaus) hinüber ins Murgtal nach Reichental und Gernsbach liegt. Große Parkplätze stehen hier zur Verfügung, außerdem ist der Ort an das öffentliche Nahverkehrsnetz angeschlossen.

Die Moore und Missen des Nordschwarzwaldes sind Überbleibsel der Eiszeit. Nach dem Abtauen des Eispanzers, der zu Veränderungen des Reliefs geführt hatte, gab es an verschiedenen Stellen abflußlose Hochflächen, wie sie in einem von

Wie Augen leuchten sie aus den weiten Wäldern: der Wildsee und der kleinere Hornsee.

Blick vom Bohlenweg auf das Wildseemoor, ein vielbesuchtes Ausflugsgebiet.

fließendem Wasser geschaffenen Bergland sonst eigentlich untypisch sind. Die Moorbildung setzte dann am Ende der letzten Eiszeit, also vor etwa 10 000 Jahren, ein.

Neben den offenen Hochmooren gibt es hier an zahlreichen Stellen staunasse, unzugängliche Waldungen, die sogenannten Missen, die ebenfalls aus nacheiszeitlichen Sümpfen entstanden. Auf den niederschlagsreichen Hochflächen kam es zu einer üppigen Vegetationsentwicklung, wobei abgestorbene Pflanzenteile immer wieder überwuchert und, in der Bodenfeuchtigkeit eingeschlossen, zu Torf wurden.

Die hohen Niederschläge – mit 1600 mm Jahresniederschlag gehört Kaltenbronn zu den niederschlagsreichsten Gebieten unseres Landes – bewirkten, daß die Vegetation auch über den Wasserspiegel der Verebnungen hinauswuchs. Statt des mineralischen Oberflächenwassers stand dann allerdings nur noch das nährstoffarme Regenwasser zur Verfügung. Die Folge: Die Vegetation verarmte zusehends; nur noch Torfmoose, Wollgras und Sonnentau konnten sich halten. Das Ausleseprinzip ist der extreme Mangel an Nährstoffen, vor allem an Kalzium, Kalium und Phosphor. Heute sind die Hochmoore uhrglasförmig aufgewölbte riesige Torfkörper mit einem eigenen Wassersystem. Wer die Geschichte dieser Moore kennt, wird verstehen, daß es sich um empfindliche Ökosysteme handelt, die auf Beeinträchtigungen schnell reagieren.

Gefahr drohte dem Hohlohsee und auch dem Wildseemoor immer wieder durch Torfentnahme. Während am Hohloh tatsächlich Torf gestochen wurde, konnten engagierte Naturfreunde am Wildseemoor eine Abtorfung in der Notzeit nach dem Ersten Weltkrieg verhindern. Die mitten durch das Wildseemoor führende frühere Landesgrenze machte diese Bemühungen nicht einfacher und erschwerte auch die Unterschutzstellung als Naturschutzgebiet in den dreißiger Jahren.

So konnte zwar die Abtorfung im Wildseemoor verhindert und am Hohlohsee in Grenzen gehalten werden, mit dem zunehmenden Fremdenver-

kehr kamen aber neue Gefährdungen: Ungeregeltes Betreten der empfindlichen Vegetation an den Ufern der Moorseen hatte im Lauf der Jahre enorme Schäden zur Folge. Seit vielen Jahren führen nun zwar von Geländern eingefaßte Bohlenwege durch die Moorränder, doch haben die Beeinträchtigungen mit der steigenden Zahl der Besucher zugenommen. Auch wenn es zunächst übertrieben klingt: Der mit Wanderstiefeln eingeschleppte Kalkstaub, aus Papierkörben ausgeschwemmte Essensreste, weggeworfene Abfälle, Hundekot, Ausscheidungen der von den Besuchern gefütterten – und nur deshalb hier lebensfähigen – Stockenten, haben die Vegetation in einem bis zu fünf Meter breiten Streifen rechts und links der Stege deutlich verändert. Löwenzahn, Himbeere, Weißklee, Hahnenfuß und andere Pflanzen, die nicht in die Moorflora passen, wanderten entlang des Bohlenweges in das Moor ein und begannen, die charakteristische Flora zu verdrängen.
Die Schäden waren um 1985 so groß, daß umfangreiche Schutzmaßnahmen notwendig wurden: Auf den Wegen im gesamten Kaltenbronngebiet wurde das kalkhaltige Deckmaterial durch Sand und Granitgrus ersetzt, Papierkörbe wurden abgebaut und die Besucher mittels Schildern dringend gebeten, ihre Abfälle wieder mit nach Hause zu nehmen. Einige empfindliche Wegstücke wurden ganz entfernt, etliche andere in unschädliche Bereiche verlegt. Ein Teil des Bohlenweges wurde zum »Schuhabstreifer« umgebaut, um verhindern zu können, daß allzu viel Fremdmaterial, vor allem Kalk, in das Gebiet gelangt. Man hofft so, die letzte Konsequenz vermeiden zu können: Die Schließung des Wildseemoorweges. Die Pläne dafür liegen in der Schublade. Würden sie realisiert, könnte man nur noch bis an den Moorkörper herangehen und müßte sich dann dort von einer

Rund um Kaltenbronn führen schöne Wege durch abwechslungsreiche Wälder.

Die »Uferpromenade« am Wildseemoor ermöglicht dem Besucher herrliche Ausblicke auf die Landschaft ohne Beeinträchtigung der Natur.

Der Sonnentau ist eine typische Moorpflanze. Am Hohlohsee findet man ihn am Wegesrand.

Plattform aus mit der Aussicht auf den knapp drei ha großen Wildsee und die dreimal so große Moorweitung begnügen.
Das Wegenetz rund um Kaltenbronn ist bestens beschildert und gekennzeichnet. Die Rundwanderwege wurden gemeinsam von Naturschutz- und Forstverwaltung geschaffen. Neun Wege führen in die nähere und weitere Umgebung, Kombinationen und Erweiterungen sind selbstverständlich möglich. Alle Rundwanderwege sind in einem informativen Faltblatt eingezeichnet, das es bei den Gemeindeverwaltungen und im Gasthof in Kaltenbronn gibt.
Empfehlenswert ist der »übliche Weg« von Kaltenbronn über den »Postweg« zum Wildseemoor und weiter über die Weißensteinhütte zur bewirtschafteten »Grünhütte«, doch wer es etwas ruhiger liebt, dem sei einer der zahlreichen Wege zum Hohlohsee und -turm ans Herz gelegt. Steil führt der Weg von Kaltenbronn durch eine kleine Schlucht hinauf zum See, wo ein weiter Blick über den Verlandungsgürtel und den Moorsee für den Aufstieg entschädigt. In 980 Meter über dem Meeresspiegel liegt der Hohlohsee, 70 Meter höher als das Wildseemoor.
Im Frühsommer sieht man vom Moorrand aus – ein Fernglas leistet hier gute Dienste – die fruchtenden Bestände des Scheidigen Wollgrases und direkt neben dem Bohlenweg Torfmoose in dichten Polstern. Gegen den Moorsee dehnen sich die »Schwingrasen« aus, von vorwiegend grünen Torfmoosarten bestimmte schwimmende »Teppiche«, die nur von wenigen Pflanzenarten, zum Beispiel bestimmten Binsen und Seggen, besiedelt werden können. Die etwas erhöhten Torfmooskissen, »Bulten« genannt, bestehen aus den sich im Spätsommer leuchtend rot färbenden Torfmoosen. Hier haben andere Pflanzen nur eine Chance, wenn sie mit dem schnellen Wachstum der Torfmoose mithalten können. Aus der Luft kann man sehen, daß dieser Schwingrasen an vielen Stellen durch sogenannte »Schlenken« unterbrochen ist, das sind kleine Moortümpel, an denen es die Vegetation nicht geschafft hat, eine geschlossene Decke zu bilden.
Auf etwas festerem Untergrund, ebenfalls in unmittelbarer Wegnähe, leuchtet die Moosbeere mit ihren kleinen roten Beerchen aus den Torfmoospolstern, und manchmal bekommt man sogar den seltenen Rundblättrigen Sonnentau zu Gesicht. Auch wenn es noch so verlockend ist: Jedes Verlassen des festen Weges bedeutet eine Schädigung der trittempfindlichen Flora!
Umgeben ist das Moor des Hohlohsees – wie auch die Moorweitung des Wildseemoors – von einem eigentümlichen Wald, der von der Berg- oder Moorkiefer bzw. Legföhre eingenommen wird. Dieser sogenannte Spirkenfilz hat sich erst nach Entwässerungsmaßnahmen im letzten Jahrhundert gebildet, vorher waren die Moorweiten wesentlich weiträumiger. Im lichten, gleichwohl völlig unzugänglichen Moorkiefernwald sind jedoch viele Pflanzen der Moorweiten erhalten geblieben; an etwas trockeneren Stellen findet sich eine Zwergstrauchschicht mit Heidelbeere, Preiselbeere und Heidekraut.
Der markierte Wanderweg führt weiter zum nur 800 Meter entfernten Hohloh- oder Kaiser-Wilhelm-Turm. Im Jahre 1898 wurde auf der 988 Meter hohen Kuppe aus Bruchsteinmauerwerk ein 22 Meter hoher Aussichtsturm erbaut; aufgrund des hochgewachsenen Baumbestandes wurde er 1968 bei einer Renovierung auf 29 Meter erhöht. Heute steht der Turm einsam auf einer weiten Kahlfläche, die in den Februarnächten 1990 durch die Orkane »Vivien« und »Wiebke« entstanden ist.
Der Blick schweift vom Turm über die weiten bewaldeten Höhenrücken des Nordschwarzwaldes. Jenseits des Murgtales im Westen ist die Hornisgrinde mit dem auffallenden Sendeturm zu sehen, im Südosten erkennt man an klaren Tagen die Horizontlinie der Schwäbischen Alb.
Welchen Weg man auch für den Rückweg wählt – nach Norden über die Schwarzmißhütte oder wieder durchs Hohlohmoor zurück über den Auerhahnenstein und das Diebstichkar –, man lernt auf dieser Wanderung fast alle charakteristischen Merkmale des Nordschwarzwaldes kennen.
Daß es sich bei den Mooren auf dem Kaltenbronn um etwas Besonderes handelt, das wissen alle Besucher – sonst kämen sie nicht hierher –, daß dies aber äußerst empfindliche Lebensräume speziell auf diese Verhältnisse eingestellter Tiere und Pflanzen sind, das wissen nur wenige. Der Schutz dieser einmaligen Besonderheiten sollte deshalb allen Spaziergängern und Wanderern eine Verpflichtung sein, denn Schäden in einem so empfindlichen Ökosystem sind nicht wieder rückgängig zu machen.

Fruchtbare Vulkaninsel

Der Kaiserstuhl

Blick vom Totenkopf auf Oberrotweil. Die gleichförmigen Rebterrassen entstanden durch Flurbereinigung.

Man möchte ein Poet sein, um den Zauber dieser Landschaft mit angemessenen Worten wiedergeben zu können. Alte Weinbergterrassen, tiefeingeschnittene Löß-Hohlwege, üppige Obst- und Fruchtgärten kennzeichnen diese Region, die das mildeste Klima in Deutschland hat.

Mitten aus der Rheinebene erhebt sich westlich von Freiburg der Kaiserstuhl. Bei der bis zu 557 Meter hohen Kuppenlandschaft handelt es sich um einen Schichtstufenvulkan, der aus Schichten von Tuffen, Lava und Trümmergestein aufgebaut ist. Sie sind überlagert von lehmartigem, fruchtba-

Die Lößhügel am Kaiserstuhl bieten optimale Bedingungen für den Weinbau.

Löß-Hohlweg bei Bickensohl.

rem Löß, der vor langer Zeit hierher geweht wurde.
Seit Jahrhunderten wird am Kaiserstuhl vorzüglicher Wein angebaut; das fast mediterrane Klima und die der Rebe zuträglichen Böden prädestinieren die Landschaft geradezu für den Weinbau.
Die steilen Hänge erlaubten einst nur schmale Rebterrassen mit oft nur zwei oder drei Rebzeilen. Die Arbeit war mühsam. Zwischen die Weinberge hatten Erosion und die Fuhrwerke des Menschen tiefe Löß-Hohlwege eingekerbt. Diese Hohlwege und die Lößböschungen der Weinberge förderten eine große Vielfalt tierischen und pflanzlichen Lebens.
Heute sind die neu angelegten Rebterrassen viele Meter breit, die Böschungen oft über 20 Meter hoch und dadurch stark erosionsgefährdet. Schädlingsvernichtungsmittel tun ein Übriges. Dennoch scheint zumindest die Kleintierwelt allmählich wieder eine Chance zu bekommen. Auch die dezimierte Flora der Rebberge hat Überlebensnischen gefunden. Die Halbtrocken- und Trockenrasen sind glücklicherweise erhalten geblieben; sie stellen als waldfreie Hügel ein hervorragendes Refugium für wärmeliebende, zum Teil im Süden beheimatete Pflanzen und Tiere dar.
Die Wanderung von Bickensohl zum bewaldeten Totenkopf, der höchsten Erhebung des Kaiserstuhls, hinüber zum fast kahlen Badberg und weiter nach Oberbergen und Schelingen läßt das Herz des Naturfreundes höher schlagen. Hier trifft er auf unzählige Brutröhren von Grabwespen und Wildbienen in steilen Lößwänden. Er kann manch seltenen Falter beobachten und manch eigentümlichen Käfer. Vielleicht auch die interessante Gottes-

Auf alten Weinterrassen gedeiht die Wilde Tulpe.

Die scheue Smaragdeidechse bekommt man nur selten zu sehen.

anbeterin, ein bizarres Raubinsekt, oder die scheue Smaragdeidechse, die hierzulande nur noch selten zu sehen ist. In heißen Lößgruben und Buschinseln gedeiht der prachtvolle Diptam mit seinem feinen Duft, und an Böschungen steht zahlreich der Färberwaid, der einst Lieferant für den blauen Farbstoff Indigo war. Er blüht gelb und ist ein stattlicher Vertreter der Kreuzblütler.
Das Große Windröschen erfreut mit reinweißen Blüten, und im Sommer blüht die wunderschöne Goldaster.
An den trockenen Hängen wachsen herrliche Orchideen. Beim Affenknabenkraut erinnert die Form der Lippe an ein hängendes Äffchen.
Die Bocksriemenzunge gelangt zu beträchtlicher Höhe; ihre Lippe ähnelt einer auseinandergezogenen Uhrfeder. Der Violette Dingel versteckt sich am buschigen Waldrand; seine ersten Triebe können selbst hartgebackenen Lehmgrund durchstoßen.
Von den vier in Deutschland vorkommenden Ragwurzarten ist hier besonders die Spinnenragwurz zu erwähnen, die grasbewachsene, warme Hänge liebt. Nur selten wird einem der »Hängende Mensch«, das Ohnhorn, begegnen, eine Orchidee, unter deren grünem Helm die Lippe als gelbbraunes Wesen mit Ärmchen und Beinchen baumelt.
Auf baumlosen Höhen findet man das schöne Federgras.
Dem Besucher präsentiert sich der Kaiserstuhl als eine Landschaft mit ganz besonderem Flair, ein Gebiet mit außergewöhnlichen Naturerlebnissen.

Zu den kostbaren Orchideen zählen das Affenknabenkraut mit seinen bizarr geformten Blüten (links) und der violette Dingel.

Von der Kiesgrube zum Tierparadies

Das Gebiet Kohlplattenschlag

Am breiten Ufersaum findet man eine vielfältige Pflanzenwelt. Offene Kies- und Sandbänke bieten Amphibien und Vogelarten, die ans Wasser gebunden sind, hervorragende Lebensmöglichkeiten.

Vom Flugzeug aus betrachtet sehen weite Teile der Rheinebene aus wie ein »Schweizer Käse«: Kiesgruben unterschiedlicher Größe und Form reihen sich zu beiden Seiten des Flusses und ergänzen mit ihrer leuchtend grünblauen Farbe das Mosaik der dunkelgrünen Wälder, braungelben Feldfluren und bunten Siedlungen. Die meisten Kiesgruben in der Rheinebene greifen – im Gegensatz zu den Kiesgruben Oberschwabens – ins Grundwasser ein und werden zu Seen; nur die Uferbereiche sind »öde« Abbauflächen, in denen Bagger, Raupen und Kiesaufbereitungsanlagen das Bild beherrschen.

Stößt der Kiesabbau an seine Grundstücksgrenzen, so erfolgt in der Regel keine Eingliederung des Geländes in die Umgebung. Viele Kiesgruben werden daher zu Badeseen oder Angelgewässern. Eine Ausnahme bildet die Kiesgrube »Kohlplattenschlag« bei Graben-Neudorf im Landkreis Karlsruhe; hier wurde von vornherein auf eine optimale Rekultivierung geachtet und Aspekte des Naturschutzes berücksichtigt. Es ist die einzige ehemalige Kiesgrube, die nun ausschließlich Naturschutzzwecken dient. Das Ergebnis kann sich sehen lassen.

Die Kiesgrube Kohlplattenschlag zwischen Graben-Neudorf und Karlsdorf-Neuthard. Gut zu sehen sind die vielgestaltigen Uferzonen mit Schilf- und Flachwassergürtel. Das Werksgelände im Vordergrund wurde inzwischen abgebaut.

Vor fünf Jahren noch eine Kiesbank ohne Vegetation, heute ein vielgestaltiger Ufersaum mit Schilf und Weidengebüsch.

Der farbenfrohe Eisvogel ist seit langem in der Kiesgrube heimisch. In den Uferbereichen findet er reichlich Nahrung, und am Steilufer kann er seine Brutröhre anlegen.

Grasfrosch und Erdkröten (rechts) finden hier ideale Bedingungen.

Das Gebiet Kohlplattenschlag liegt im großflächigen Hardtwald am Rand der Niederterrasse des Rheins. Der Kiesunternehmer fand hier zwar eine optimale Schichtung von Kiesen und Sanden vor, der ökologische Eingriff in den Wald jedoch war erheblich. Zwischen 1974 und 1994 wurde auf einer Fläche von weit über 30 ha gebaggert. Das Gelände wurde aber eingezäunt, um eine wie bei anderen Kiesgruben übliche Nutzung für Freizeitinteressen verhindern zu können. Auch wurden die Uferzonen von Anfang an flach gestaltet – für den Unternehmer ist dies mit einer geringeren Ausbeute verbunden, für den Naturschutz ist es jedoch von größter Bedeutung, denn Flachwasserzonen sind wertvolle Entwicklungsgebiete. Uferabschnitt für Uferabschnitt wurde nach den Vorstellungen der Naturschutzfachleute gestaltet – bis zu dem Tag, als 1996 der letzte Bagger das Gelände verließ.

Die Uferzonen wurden langsam vom Schilfröhricht eingenommen. Unterbrochen wurden diese »Wälder« inzwischen vom Breitblättrigen und dem selteneren Schmalblättrigen Rohrkolben. Dem Verlandungsbereich vorgelagert ist stellenweise ein Schwimmpflanzengürtel mit der Seekanne. Auf zeitweilig flach überschwemmten Inseln haben sich verschiedene Binsenarten und der Froschlöffel ausgebreitet – eine Pioniervegetation direkt am Wasser, die einmal durch höherwachsende Pflanzen abgelöst werden wird. Aufkommende Weidenbüsche bilden mit ihrem saftigen Grün einen wirkungsvollen Kontrast zu den umgebenden Kiefernwäldern.

Vögel, Insekten und Amphibien finden in den reich strukturierten Uferzonen ideale Lebens-

Die Steilwand aus Kies und verfestigtem Sand ist ein idealer Brutplatz für die seltene Uferschwalbe.

bedingungen. Eisvogel und Uferschwalbe können in Steilwänden Brutröhren anlegen, auf dem Wasser tummeln sich Enten, unter anderem die Tafelente, und der Haubentaucher. Auf vegetationsarmen Rohbodenflächen und im angrenzenden Dickicht sind die seltene Wechselkröte und die Kreuzkröte beheimatet.
Der stark gefährdete Laubfrosch hat hier ebenso einen optimalen Lebensraum wie der Seefrosch und der Kammolch oder die Ringelnatter. Der Flußregenpfeifer brütet zwischen Kieselsteinen auf freien Kiesbänken, der Zwergtaucher besiedelt das störungsfreie, deckungsreiche Ufer, der Graureiher kann frei von Konkurrenz durch Angler ungestört fischen. Von den zahlreichen Libellenarten sei nur eine Besonderheit, die Westliche Keiljungfer, erwähnt.
Die interessierte Öffentlichkeit hat an verschiedenen Stellen der seit 1984 als Naturschutzgebiet ausgewiesenen Kiesgrube Kohlplattenschlag die Möglichkeit zur Naturbeobachtung. Es gibt mehrere Aussichtspunkte am Zaun; von hier aus kann man die belebte Uferzone beobachten, ohne störend in das Gebiet einzudringen. Wer sich das Gebiet genauer ansehen möchte, kann sich für eine Fahrt mit dem speziell konstruierten Elektroboot anmelden; das langsam dahingleitende, mit Schilfmatten verkleidete Boot erlaubt Einblicke in die Uferzonen, wie man sie sonst nur aus Filmen kennt. Führungen organisiert die Bezirksstelle für Naturschutz und Landschaftspflege Karlsruhe. Dort gibt es auch Informations- und Kartenmaterial über das Naturschutzgebiet Kohlplattenschlag, das ein besonders gelungenes Beispiel für »Natur aus zweiter Hand« darstellt.

Der Flußregenpfeifer legt seine mit Kieselsteinen leicht zu verwechselnden Eier einfach auf die Kiesbank; eine bessere Tarnung gibt es kaum.

Eine von zahlreichen Brutröhren durchsetzte Steilwand auf der Westseite der Kiesgrube.

Reste einer einzigartigen Auenlandschaft

Das Gebiet Taubergießen

Noch bis ins letzte Jahrhundert erstreckten sich entlang des Rheins ausgedehnte Auewälder. Zur Zeit der Schneeschmelze wurde diese urwüchsige Landschaft regelmäßig von Überschwemmungen heimgesucht. Wie im Kapitel über den Isteiner Klotz bereits erwähnt wurde, ergaben sich durch die Rheinkorrektion nach den Plänen von Johann G. Tulla zwischen 1817 und 1880 große Veränderungen. Vor allem südlich von Breisach, wo die Konzentration auf eine einzige Rinne zur Eintiefung der Stromsohle führte, hatte sie verheerende Folgen. Das Grundwasser sank ab, und die Nebenarme des Rheines fielen trocken. Auch nördlich von Breisach kam es zu Einschränkungen, weil weniger Wasser durch die Aue floß als vor der Korrektur. Die Tieferbettung der Stromsohle unterblieb jedoch, und es fielen nicht alle Nebengewässer trocken. Auch die Sommerhochwasser flossen im Norden weiterhin regelmäßig durch die Aue.
Der Bau des Rheinseitenkanals und der Staustufen in diesem Jahrhundert führte jedoch zu weiteren Veränderungen der Aueflächen. Sie wurden durch den Bau größerer Hochwasserdämme vom Rhein abgeschnitten. Eine Überflutung im Hochwasserfall ist somit nicht mehr möglich. Der veränderte Wasserhaushalt, insbesondere die fehlende Überflutungsdynamik, ließen die in Mitteleuropa einmaligen Auen am Oberrhein bis auf kleine, isolierte Reste fast vollständig verschwinden.
Am besten erhalten ist die Rheinauelandschaft in ihrer Vielgestaltigkeit noch im Naturschutzgebiet »Taubergießen«. Das Gebiet westlich der Linie Kappel-Rust-Niederhausen wurde 1955 unter Landschaftsschutz gestellt, 1979 erfolgte die Ausweisung als Naturschutzgebiet. Es umfaßt mehr als 1600 ha und ist eines der größten Naturschutzgebiete in Baden-Württemberg. Die früheren Überschwemmungen schufen ein abwechslungsreiches Mosaik verschiedenster Lebensräume: ein Labyrinth von unzähligen Wasserarmen, breiten Schilfröhrichten, Schlammflächen und Kiesinseln, Silberweidengürteln und Hartholzauewäldern. Dieser Vielgestaltigkeit der Lebensräume entspricht der außerordentliche Artenreichtum: über 230 Vogelarten, 40 Prozent aller mitteleuropäischen Schmetterlingsarten und 60 Prozent aller Libellenarten kommen hier vor. Der »Taubergießen« stellt für viele Arten ein Rückzugsgebiet von internationaler Bedeutung dar.

Flachwassersee mit Schilfgürtel.

Abgestorbene Bäume am Rande des Sees.

Die traditionelle Mittelwaldbewirtschaftung führte zu einem strukturreichen Auewald.

Ein wichtiges Feuchtgebiet ist ein ca. 60 ha großer Flachwassersee, der durch den Rückstau einer Rheinstaustufe und dem dadurch bedingten großflächigen Absterben des Auewaldes entstand. Der See ist Nahrungs-, Brut- und Rastplatz für zahlreiche Wasservögel. In den schilfgesäumten Buchten brüten z.B. Haubentaucher, Teichrohrsänger und Krickente. Möwen und Seeschwalben, Kormorane und zahlreiche Enten finden hier Rast- und Überwinterungsmöglichkeiten. Die Auewälder bieten auch Lebensräume für zahlreiche Singvögel wie Nachtigall, Mönchsgrasmücke oder Pirol.

Der »Taubergießen« weist noch einige Bereiche mit naturnahen Rheinauewäldern auf. Es handelt sich dabei jedoch nicht um Urwälder, denn sie wurden schon lange Zeit durch den Menschen genutzt. Bei der traditionellen Mittelwaldbewirtschaftung blieben einzelne Bäume zur Bauholzgewinnung stehen, während die übrigen in kurzen Perioden immer wieder abgeschlagen und als Brennholz oder sogenannte Faschinen (Reiser zur Befestigung von Uferanlagen) genutzt wurden. Diese Nutzungsform führte zu einer strauchreichen Waldstruktur, die Lebensraum für viele auetypischen Tier- und Pflanzenarten bietet. Die Auewälder werden unterteilt in Weichholzaue oder Silberweidenwälder an tiefergelegenen Stellen und Hartholzauewälder an höhergelegenen Stellen. Vorherrschende Baumarten sind hier Stieleiche, Esche, Silberpappel, Feld- und Flatterulme, im Unterstand Traubenkirsche, Feldahorn und Grauerle.

Hinter dem Hochwasserdamm findet man im »Taubergießen« sogenannte Magerwiesen, die sich durch ihren Reichtum an Blütenpflanzen, dar-

Schwäne am Ufer des Flachwassersees.

unter viele Orchideen, auszeichnen. Die Wiesen gehören ebenso wie große Teile des Waldes zur französischen Gemeinde Rhinau; und sie wurden aufgrund der erschwerten Erreichbarkeit durch den dazwischenliegenden Rhein nur extensiv bewirtschaftet. Die Mahd erfolgte nur einmal im Jahr (= einschürig), die Wiesen blieben ungedüngt. Die üppige Blütenpracht ist Lebensraum für zahlreiche Tierarten, u.a. für wärmeliebende Insekten wie Schmetterlinge. Werden die Wiesen jedoch überdüngt oder zu früh im Jahr gemäht, so verschwindet die bunte Vielfalt, und es entstehen artenarme Fettwiesen.

Um den »Taubergießen« als einzigartigen Rest einer vielgestaltigen Auelandschaft zu erhalten, müssen zahlreiche Schutzmaßnahmen greifen. Durch den Kiesabbau, für den schon vor der Ausweisung als Naturschutzgebiet die Konzession erteilt wurde, ist der Flachwassersee als Lebensraum für zahlreiche Wasservögel stark gefährdet. Zur Zeit bemühen sich die Naturschutzbehörden um eine flächenmäßige Begrenzung der Ausbaggerung durch eine Verlagerung des Abbaus in die Tiefe.

Eine Umwandlung der Wälder, z.B. in artenarme Pappelbestände, wie dies bereits teilweise geschehen ist, muß zukünftig unterbleiben. Die Magerwiesen dürfen nicht durch Umbruch, Überdüngung und zu frühes Mähen zerstört werden.

Damit das Paradies »Taubergießen« erhalten bleibt, müssen aber insbesondere auch die Besucherinnen und Besucher die zum Schutz nötigen Verhaltensregeln beachten. Die beschriebenen Schönheiten sind alle von den Wegen aus zu beobachten und zu fotografieren. Ein Verlassen der Wege stört die Tiere, besonders die Brutvögel, und beschädigt die Vegetation. Blumen und Zweige dürfen nicht gepflückt werden, Bootsfahrer müssen sich an den markierten Wasserlauf halten. Zelten und Lagern ist nicht erlaubt. Diese und weitere Verhaltensregeln gemäß der Naturschutzverordnung sind notwendig, damit diese einzigartige Landschaft auch morgen noch bewundert werden kann.

Im Blauloch (sog. »Gießen«) tritt nährstoff- und sauerstoffarmes Grundwasser aus.

Bodensee
Oberschwaben

Buntes Landschaftsmosaik

Der Bodanrück

Das Luftbild zeigt den nordwestlichen Teil des Bodanrück mit dem Steilabfall zum Überlinger See. Links der Mindelsee, im Hintergrund Hegau und Schwarzwald.

Am westlichen Bodensee erstreckt sich zwischen dem Überlinger See und dem Untersee ein 22 Kilometer langer und 5–7 Kilometer breiter Landrücken. Er trägt den Namen Bodanrück und ist durch ein sehr kleinteiliges, abwechslungsreiches Landschaftsmosaik gekennzeichnet. Das Relief steigt von 400 Meter Höhe am See auf knapp 700 Meter in der Nordwestecke an. Dort, hoch über dem namengebenden Ort Bodman, befindet sich die Ruine Altbodman.

Auf der Seite zum Überlinger See hin gibt es auf weiten Strecken steile Hangwälder, die nur zu Fuß zu durchqueren sind. In diese aus Sandsteinen der Meeresmolasse bestehenden Bergflanken haben sich mehrere Bäche schluchtartig eingegraben. Das übrige Gebiet des Bodanrück ist geologisch von Moränenmaterial, Geschiebemergeln und Schmelzwasserrinnen der letzten Eiszeit sowie von Mooren geprägt.

Einzigartig ist die sogenannte Drumlin-Landschaft

des Bodanrück: Zahlreiche Hügel erstrecken sich in Südost-Nordwestrichtung; sie entstanden durch erodierende und ablagernde Vorgänge unter dem Gletschereis. Zwischen den meist bewaldeten Drumlins liegen vermoorte Talsenken, die Standorte reicher Feuchtgebietlebensräume sind.

Die Oberflächenformen des Bodanrück sind ebenso von der Eiszeit geprägt wie seine Pflanzen- und Tierwelt; die Nähe zu den Alpen und die Entwicklungsgeschichte seit der letzten Eiszeit bedingen das Vorkommen einiger alpin-präalpiner Pflanzen- und Tierarten, d.h. Arten, deren Verbreitung von den Alpen bis ins Alpenvorland reicht. Beispiele hierfür sind die im Frühjahr zartrosa blühende Mehlprimel und der im Spätsommer/Herbst blau blühende Schwalbenwurzenzian.

Die Mehlprimel kommt in Kalkflachmooren vor und ist zusammen mit der Kopfbinse namengebend für die Mehlprimel-Kopfbinsenriede, der charakteristischen Pflanzengesellschaft dieser Moore. Auf etwas wüchsigeren, aber ebenfalls moorigen Standorten findet man den Schwalbenwurzenzian oftmals in Gesellschaft mit dem im Herbst goldgelb leuchtenden Pfeifengras. Von diesen beiden Arten stammt die Bezeichnung Enzian-Pfeifengraswiesen, einer weiteren typischen Pflanzengesellschaft des Bodanrück.

Sie sind zugleich Lebensraum charakteristischer Tierarten. So kommt als große Besonderheit in den Mehlprimel-Kopfbinsenrieden die Sumpfgrille vor, die nur schwer zu sehen, aber manchmal gut zu hören ist.

In den Enzian-Pfeifengraswiesen fliegt im Spätsommer der leuchtend blaue Enzianbläuling. Er legt seine Eier an den Schwalbenwurzenzian oder an dem auch auf dem Bodanrück vorkommenden Lungenenzian ab.

Diese beiden für den Bodanrück so charakteristischen Lebensräume sind selten geworden und sehr bedroht. Man findet sie zwar an den verschiedensten Stellen dieser Region, und dem aufmerksamen Beobachter werden sie nicht entgehen, doch ihre Ausdehnung ist in starkem Maße zurückgegangen.

In früheren Zeiten wurden sie zur Gewinnung von Einstreu für die Viehställe genutzt und daher Streuwiesen genannt. Doch die Viehhaltung wurde auf dem Bodanrück größtenteils aufgegeben, und so fielen zahlreiche Streuwiesen der Verbrachung und Verbuschung anheim oder sie wurden aufgeforstet.

Naturschutzverwaltung und Naturschutzverbände bemühen sich nach Kräften, wieder eine in einen natürlichen Kreislauf eingebundene Bewirt-

Der Mindelsee ist eingebettet in Riedgebiete, Streuobstwiesen und Wälder.

Charakteristisch für die Pfeifengraswiesen: der Lungenenzian.

In vermoorten Talsenken findet sich oft ein Mosaik aus bewirtschafteten und brachgefallenen Streuwiesen, Schilfbeständen und Verbuschungszonen.

schaftung oder Pflege dieser Streuwiesen aufzubauen, doch die Arbeit zahlreicher Bauern ist nicht ohne weiteres durch die einiger weniger Naturschützer zu ersetzen.
Neben den Pfeifengraswiesen und Kopfbinsenrieden gibt es als weitere charakteristische Lebensgemeinschaften auf dem Bodanrück z.B. Schilfröhrichte und Schneidriedbestände, Bruchwaldgesellschaften und Buchenwälder. Sehr schön ausgeprägt sind diese einzelnen Gesellschaften am

Die Kuckuckslichtnelke färbt mitunter ganze Wiesen rosa.

Mindelsee, einer der »Naturperlen« des Bodanrück.

Der Mindelsee, eiszeitlich als kleines Gletscherzungenbecken entstanden, zeigt eine natürliche Abfolge von Ufergesellschaften. Am Westende schließt sich an einen Teichrosengürtel ein schmaler Schilfgürtel an, dahinter erstrecken sich Schneidried-, Fadenseggen- und Großseggenbestände der Grauweiden- und Faulbaumgebüsche, die ihrerseits den Übergang zu sich entwickelnden Bruchwaldgesellschaften darstellen. Das Südufer des Mindelsees wird von steilen, sich naturnah entwickelnden Buchenwäldern eingenommen. Am Ufer bieten ins Wasser gestürzte Bäume den Eisvögeln Ansitzmöglichkeiten und den Jungfischen eine Kinderstube. Während im Frühjahr und Sommer auf dem See Haubentaucher und Flußseeschwalben zu beobachten sind, finden sich im Winter größere Gruppen von Reiher- und Tafelenten ein, die hier Ruhe vor den Störungen am Untersee suchen.

Nicht weit vom Mindelsee entfernt liegen bei Güttingen die Buchenseen, die nach der Eiszeit aus sogenannten Toteislöchern hervorgegangen sind. Nach dem Abschmelzen entstanden hier Seen, die in unterschiedlichem Maße verlandeten. Heute zeigen die Buchenseen, von denen der westliche als Badesee genutzt wird, eine charakteristische Abfolge von Verlandungsgürteln mit Schilf- und Schneidriedbeständen sowie Grauweiden- und Faulbaumgebüschen. Im landwirtschaftlich genutzten Hinterland befinden sich z.T. extensiv genutzte Feuchtwiesen. Solche Wiesen, die auch in einigen anderen Bereichen des Bodanrück anzutreffen sind, leuchten im Frühjahr rosa, wenn die Kuckuckslichtnelke blüht; im Sommer, nach dem ersten Schnitt des Grünlandes, bestimmt mitunter das gelb blühende Wassergreiskraut das Bild.

Die zahlreichen Riedgebiete und die Seen des Bodanrück beeindrucken durch ihre Abgeschiedenheit und Ruhe sowie durch ihren »heimlichen« Verbund miteinander. Erkundet man den Bodanrück zu Fuß oder mit dem Fahrrad – und nur so läßt er sich in seiner Vielgestaltigkeit erleben –, so erschließen sich immer wieder aufs neue ganz unterschiedliche Feuchtgebiete, Lichtungen und Ausblicke.

Von exponierten Stellen aus sieht man den nördlich gelegenen Überlinger See oder den südlich gelegenen Untersee. Bei klarer Atmosphäre türmt sich sogar die mächtig aufragende Alpenkette am Horizont auf. Diese Vielgestaltigkeit macht den großen landschaftlichen Reiz des Gebietes aus; die Erkundung des Bodanrück ist daher immer wieder aufs neue spannend.

Eine große Kostbarkeit des Bodanrück ist die Mehlprimel, die auf mageren Streuwiesen vorkommt.

Tobel, Schluchten, Drumlins

Die Argenschlucht

Die Obere und die Untere Argen haben ihren Ursprung in Bayern. Nach dem Durchbruch vor allem der Oberen Argen durch die Konglomerate der Nagelfluh mit wildromantischen Tobeln und Schluchten vereinigen sich beide Argen unterhalb von Wangen im Allgäu zu einem Fluß, der durch eine Landschaft aus eiszeitlichen Moränen und Molasse dem Bodensee zustrebt. Charakteristisch für diese Landschaft sind rechts und links des Flusses die »Drumlins«, längliche, meist waldbestandene Höhenrücken von oft mehreren hundert Metern Länge. Ihre Entstehung ist nicht geklärt. Eiszeitliche Einflüsse sind aber unbestritten.

Die Argen strömt mit erheblichem Gefälle ins Flachland. Entsprechend stark ist ihre Strömung. So bildet sie ein romantisches Durchbruchstal durch die Riß-Würm-Grundmoräne mit gebirgsartigem Charakter und schöner Bewaldung. Nennt man das Tal der Oberen Donau den »Schwäbischen Canyon« und die Jagstschlucht den »Fränkischen«, so könnte man für die Argenschlucht die Bezeichnung »Allgäuer Canyon« verwenden.

Am Ende des bäuerlichen Weilers Flunau führt ein bequemer Waldweg flußaufwärts in Richtung des Zusammenflusses beider Argen. Immer wieder öffnen sich imposante Ausblicke auf den wasserreichen Fluß, der sich im Gegenlicht am frühen Morgen wie ein Silberband ergießt. Ein Vergleich mit der Wutachschlucht drängt sich auf. Dies leider auch, weil sich hier wie dort das Indische Springkraut breitmacht und die ursprüngliche Flora dadurch verfälscht wird.

Sind vor allem in den Gebieten der Oberen Argen zahlreiche Orchideen anzutreffen, wie Frauenschuh, Purpurknabenkraut, Schwertblättriges Waldvögelein und Bleiches Knabenkraut, so fallen in dieser Waldschlucht der Riesenschachtelhalm mit seinen elfenbeinfarbenen Stengelgliedern auf, die vielblütige Weißwurz, eine Verwandte des Salomonssiegels, und der Klebrige Salbei. Prächtig blüht da und dort die Finger-Zahnwurz, häufiger sieht man die schöne Berg-Flockenblume.

1

4

Ein versteckter Weg führt hinab zum »Flunauer Sack«, einer großen Argenschlinge. Unweit davon zeigt eine waldfreie frühere Flußterrasse an, daß die Argen vor Zeiten weit höher floß.

Auf dem grasigen Weg blüht der Wolfstrapp, ein Lippenblütler, und am Flußufer, wo Wasseramsel und Eisvogel zu beobachten sind, entdeckt man auch einen »Zugereisten«: den Topinambur, ein stattlicher Korbblütler aus Übersee, der gerne an nährstoffreichen Gewässern siedelt.

Die Vielfalt der Pflanzen ist beeindruckend. Eisenhüte wären noch zu nennen, der Fichtenspargel, der Geißbart und das unscheinbare, aparte Wechselblättrige Milzkraut. Weiter talaufwärts gelangt man zum Zusammenfluß beider Argen – eine Stelle mit einer ganz eigenen Atmosphäre der Zeitlosigkeit.

2

5

Die Argen strömt vorüber, als bliebe sie unberührt von menschlichen Eingriffen. Unberührt und unberührbar sollten die Schlucht und das Tal auch bleiben.

Vor einiger Zeit gab es Bestrebungen, die Wasserkraft hier energiewirtschaftlich zu nutzen. Der Mensch aber darf nicht alles Machbare umsetzen. Es gilt, eine solch großartige Landschaft zu schützen.

3

6

Typisch für das Gebiet der Argenschlucht sind Orchideen, wie das Schwertblättrige Waldvögelein (1), das Bleiche Knabenkraut (2), und der Frauenschuh (3), ferner das Wechselblättrige Milzkraut (4), der Topinambur (5) und der Riesenschachtelhalm (6).

Blick auf die wasserreiche Argen.

Schönheiten im Moor

Das Wurzacher Ried

Die weite Senke nördlich von Bad Wurzach.

Das Wurzacher Ried zählt aufgrund der Vielfalt seiner Biotope zu einer der interessantesten Moorlandschaften in Deutschland.

Blickt man von der Grabener Höhe aufs Ried, erkennt man eine weitgedehnte, flache Senke, ein eiszeitliches »Zungenbecken«, in dem sich das etwa 14 km² große Hochmoor mit freien Flächen und Bergkieferwäldern erstreckt.

Die Günzeiszeit hat wohl vor 750 000 Jahren die Hohlform des einst tiefen Beckens ausgebildet, das zunächst mit Eis gefüllt war. In den Warmzeiten zwischen Mindel-, Riß- und Würmeiszeit sammelten sich in den Senken nach und nach Ablagerungen an, bis der See verlandete und sich über ein Niedermoor zum heutigen Hochmoorschild entwickelte.

Auf etwa 650 Meter Meereshöhe gelegen, zeigt das Wurzacher Ried ein kühles Klima von nordeuropäischem Charakter mit hohen Niederschlägen. »Frostloch« wird es deshalb auch genannt.

Vornehmlich im westlichen Teil entstand im Lauf der Jahrhunderte durch Entwaldung und Entwässerung die heutige Moorheide, an die sich spärlich auch Zwischen- und Niedermoore anschließen. Der bewaldete Teil des Rieds wird durch Bergkie-

Das Wurzacher Ried, eine der vielfältigsten Moorlandschaften Baden-Württembergs.

Torfmoospolster prägen das Bild.

Nicht leicht zu entdecken: Traunsteiners Knabenkraut.

fern, Birkenbruchwald und Fichtenforste geprägt. Mehrere kleinere Quellseen liefern kalkreiches Wasser, das im Niedermoor für zahlreiche botanische Besonderheiten sorgt. Der einstige intensive Torfabbau im Wurzacher Ried ist zugunsten der Naturerhaltung aufgegeben worden.

Teile des Rieds sind durch Spazierwege erschlossen worden. Naturschutzzentrum und Kurverwaltung in Bad Wurzach bieten Führungen an. Der Besucherstrom wird jedoch deutlich begrenzt, um bestimmte Bereiche schützen zu können.

Im Ried verspürt man Gefühle der Einsamkeit, der Weite und Verlorenheit. In früherer Zeit mied der Mensch das Moor, weil es unfruchtbar und voller Gefahren war. Zwischen den Bulten – kleinen Hügelchen mit Moos- und Preiselbeeren, Binsen und Seggen – lauern schlamm- und wassergefüllte Untiefen, die oft selbst den Ortskundigen verunsichern.

So sind die Moore, mit Ausnahme einiger Alpengebiete, die einzigen Naturlandschaften, die uns verblieben sind. Zum Teil stellen sie auch »Natur aus zweiter Hand« dar, wenn der Mensch sie nach dem Torfabbau wieder der natürlichen Sukzession überlassen hat.

Im zeitigen Frühjahr ist hier noch wenig von jenem ungestümen Blühen zu spüren, das um diese Zeit in den lichten Buchenwäldern der Schwäbischen Alb bereits eingesetzt hat. Höchstens ein paar Sumpfdotterblumen leuchten aus dem Gelbbraun der Moorlandschaft. Doch im Mai und erst recht im Juni weckt die Sonne auch das Leben im Ried. Jetzt öffnen die Mehlprimeln ihre hellpurpurnen Blüten gleich zu Hunderten. Diese zierlichen Verwandten unserer Schlüsselblume haben längliche Blätter, die auf der Unterseite mehlig bestäubt sind. Etwas später öffnet die prachtvolle Trollblume ihre gelben Kugelblüten.

Zu Tausenden schaukeln nun auch die weißen Wollköpfchen der verschiedene Wollgrasarten im Wind. Ihre Schöpfe bestehen aus langen Haaren, die aus den fadenförmigen Blütenblättern hervorgehen und mit den Früchten verbunden sind. Sie erleichtern dem Wind den Transport der Samen. Mitunter kann man in Gebüsch und Schilf große Mengen von Wollhaaren finden, die einst sogar gesammelt und als »Torfwolle« für Kissenfüllungen verwendet wurden.

Die hohe Zeit des Moores kommt im Sommer, wenn in den Laubwäldern das dichtgewordene Blätterdach dem vielfältigen Blühen Grenzen setzt. Dann prallt die Sonne auf das offene Moor. Bei Windstille wird es fast unerträglich heiß, die Hitze beinahe greifbar. Unbestimmbare Düfte entsteigen dem Moor. Libellen stehen unbeweglich in der Luft. Stechmücken plagen Mensch und Tier. Die vielzählige Rebhuhnfamilie sucht Schutz im nahen Feld.

Zum Ried gehören die Schachtelhalme: der Sumpfschachtelhalm und der Teichschachtelhalm. Letzterer ragt oft in großer Zahl aus dem Wasser.

Die Schachtelhalme wuchsen im Karbonzeitalter, wie auch die Farne und Bärlappe, bis zu Baumgröße und hatten großen Anteil an den Holzablagerungen, aus denen dann die Kohle entstand. Auch als »Zinnkraut« waren Schachtelhalme hochgeschätzt. Aufgrund ihrer Kieselsäureeinlagerungen waren sie für die Reinigung der einst so häufigen Zinngeschirre geeignet. Für die Zubereitung von Heiltees finden Schachtelhalme heute noch Verwendung.

Am Rand eines Moorgrabens entdecken wir eine violette Blüte auf kahlem Schaft. An ihrem Grund breiten sich fettig glänzende Blätter in einer Rosette aus. Nur zehn bis fünfzehn Zentimeter wird das Pflänzchen hoch, das den Namen Fettkraut trägt. Die gelblichen Blätter sind länglich, fleischig und am Rand etwas umgebogen. Sie sind mit Zehntausenden winziger Drüsen besetzt; diese scheiden klebrige Flüssigkeit ab, an der kleine Insekten hängenbleiben. Das Fettkraut ist ein Fleischfresser. Berührt ein Insekt das Blatt, so rollt es sich zusammen. Ein gleichzeitig ausgeschiedenes Ferment löst die verdaulichen Teile des Tieres auf, nach ein oder zwei Tagen sind nur noch die harten Chitinteile übrig. Auf ähnliche Weise können auch die

1

2

3

4

Pflanzen des Rieds: der Schwalbenwurz-Enzian (1), die Preiselbeere (2), das fleischfressende Fettkraut (3) und die Echte Sumpfwurz mit ihrer eindrucksvollen Blütenform (4).

bekannten Sonnentauarten den im Moorboden nur spärlich vorhandenen Stickstoff durch Beikost aus der Tierwelt beschaffen.

Am Rand der mit dunklem Wasser gefüllten einstigen Torfgrube hängt ein Grasfrosch, nur die großen, hervorquellenden Augen ragen über die Wasserfläche. Jetzt im frühen Sommer entdeckt man zahlreiche Kaulquappen. Da Frösche und Kröten viele Feinde haben, ist eine große Eierproduktion nötig.

Hier im Moor lebt auch die Kreuzotter. Sie wurde früher oft verfolgt; heute steht sie unter Naturschutz. Sie liebt die Wärme und sonnt sich gerne. Erst wenn man ihr zu nahe kommt, zieht sie sich in ihr Schlupfloch zurück. Der Große Brachvogel stößt schrille Rufe aus und umflattert voller Sorge um seine Brut ängstlich den eindringenden Menschen.

Wo vor Wochen noch die Mehlprimeln blühten, glühen jetzt die purpurroten Blütenähren des Breitblättrigen und des Fleischfarbenen Knabenkrauts. Weiter draußen gesellt sich das Gefleckte Knabenkraut dazu. Der Kundige findet auch Traunsteiners Knabenkraut. Zu den eindrucksvollen Orchideenarten im Moor zählt auch die Weiße oder Echte Sumpfwurz mit ihrer seltsam eingeschnürten milchweißen Lippe und den rotlinierten Blütenhüllblättern. Ein Vergleich mit tropischen Orchideen drängt sich auf: Unsere Arten erreichen zwar nicht deren Größe, an Formenreichtum, Farbenpracht und Schönheit stehen sie ihnen aber nicht nach.

Noch einmal erregen fleischfressende Pflanzen unsere Aufmerksamkeit: Der Rundblättrige und der Langblättrige Sonnentau, die mit ihren zierlichen Blattrosetten auf dicken Torfmoospolstern sitzen. Allerlei winziges, geflügeltes Volk bleibt an den feinen Blatthaaren und den klebrigen Blättern hängen.

Eine unübersehbare Vielfalt an Lebensformen bietet uns ein Gang durchs Moor. Pflanze und Tier sind Teile einer festgefügten Lebensgemeinschaft, die der Mensch schützen muß.

Der lauten Welt entrückt

Rund um den Federsee

Der Igelkolben wächst im Wasser des Moores.

Es ist, als ob das Wesen Oberschwabens hier faßbar wird: Eine von Gletschern der Eiszeit geprägte Landschaft mit Moränenhügeln, dunklen Wäldern, Mooren und einem darin eingebetteten See, Ortschaften, die mit ihren Kirchtürmen eine tiefe Volksfrömmigkeit ausdrücken, und im Süden die Allgäuer und Schweizer Alpen.
Hier im weiten Becken des Federseerieds hat sich der Mensch schon früh niedergelassen. Bedeutsame Funde, die im Federseemuseum in Bad Buchau besichtigt werden können, veranschaulichen das Leben der Rentierjäger und Pfahlbauern vor 14 000 Jahren.
Der Federsee und sein weites Ried mit Mooren und Wäldern aus Röhricht, Moorbirken und Kiefern ist das Ergebnis eines Jahrtausende währenden Verlandungsprozesses sowie menschlicher Eingriffe, besonders zweier »Seefällungen« am Ende des 18. und zu Beginn des 19. Jahrhunderts, als man die Riedflächen landwirtschaftlich nutzbar machen wollte. Diese Pläne konnten dank besserer Einsicht in unserem Jahrhundert gestoppt werden. Heute zählt die Seelandschaft zu den wichtigsten Naturschutzgebieten des Landes.
Die sanft gewellte Landschaft mit ihren ins Maß gezwängten Feldern und Wiesen endet hier abrupt und eine nahezu ebene Fläche öffnet sich mit dem Moor. Vereinzelt stehen da und dort Birken oder Gruppen von Weidenbüschen. Schilf wiegt sich im Wind, dazwischen offenes Wasser, das Baum, Busch und Röhricht widerspiegelt.
Der Riedgürtel um den Federsee läßt sich in verschiedene Pflanzengesellschaften einteilen. Von außen her folgen dem Birkenbruchwald mit beginnender Hochmoorbildung die Pfeifengraswiesen, dann die Klein- und Großseggensümpfe und schließlich das Schilfröhricht. Im offenen Wasser gedeihen Schwimmblattpflanzen wie Teich- und Seerosen. Dem Wanderer seien zwei Routen empfohlen: der Gang über den Federseesteg vom Museum aus und der Weg durch das Banngebiet Staudacher nach Moosburg.

Moränen der Würmeiszeit stauten den Federsee.

Moorbruchwald mit reichem Unterwuchs im Banngebiet Staudacher.

Zwischen dichten Beständen der Kohlkratzdistel und des Teich-Ampfers, der Schlank- und der Wundersegge finden sich der purpurne Blutweiderich und das Mädesüß. Fast mandelartig duftet es am Grabenrand. Die kleinen, gelblich-weißen Blüten des Mädesüß bilden reiche Trugdolden über großen, gefiederten Blättern. Ihres Duftes wegen wurden die Blüten früher dem Wein zugesetzt, der dadurch den beliebten Malvasiergeschmack bekommen haben soll.

An den Halmen des Schilfs zieht sich der Bittersüße Nachtschatten empor, ein mit unseren Kartoffeln und Tomaten verwandtes Gewächs. Zur Gruppe der Halbwasserpflanzen zählt der stattliche Zungen-Hahnenfuß, der im schlammigen Grund gedeiht. Seine Blumen sind goldgelb, und seine Blätter zeigen die für Halbwasserpflanzen typische schmal-lanzettliche Form. Sie ragen steil empor, um der unmittelbaren Bestrahlung durch die Sommersonne zu entgehen.

Nach kurzer Wanderung endet der Steg am See. Von hier läßt sich die vielfältige Vogelwelt dieses Schutzgebiets beobachten. Die seltene Bartmeise huscht durch das Röhricht. Haubentaucher und Bläßhühner tummeln sich. Ein Schwanenpaar zieht vorüber. Und von Norden grüßt der »heilige Berg« Oberschwabens, der Bussen.

Der Pfad nach Moosburg führt durch frühere Streuwiesen. Eine Tafel informiert den Besucher: »Streuwiesen sind Niedermoore, auf denen Einstreu für den Stall gewonnen wurde. Sie nehmen weite Flächen im Naturschutzgebiet Federsee ein und gehören zu den artenreichsten Lebensräumen unserer Heimat. Streuwiesen werden heute fast nicht mehr genutzt.« Sie brauchen allerdings menschliche Pflege, um nicht zu verbuschen. Wiesenschaumkraut und Sumpfdotterblume bestimmen hier das Bild im Frühjahr. Baldrian, Wiesenplatterbse, Engelwurz und viele andere kommen später dazu.

Über eine kleine Brücke, die den Kanzachkanal überquert, führt der Weg weiter zum Bruchwald.

1

2

3

Vielfältig sind die Pflanzen des Rieds: die Prachtnelke, ein altes Liebessymbol (1), glänzende Früchte des Bittersüßen Nachtschattens (2), das Glanzkraut, eine feuchtigkeitsliebende Orchidee (3), das Mädesüß mit seinen großen Dolden (4) und – als Relikt aus der Eiszeit – das Karlsszepter (5).

4

5

Die Kanzach ist der Auslauf des Federsees. Mit einem Wehr wird hier der Wasserstand reguliert. Nun erreicht man das Banngebiet Staudacher.
Es ist nach dem Buchauer Oberförster Staudacher benannt, der 1911 erreichte, daß hier jegliche Nutzung unterbleibt. So wurde es zur Keimzelle des heutigen Naturschutzgebietes. Eine Gedenktafel am Weg erinnert an Lina Hähnle, die Gründerin des Bundes für Vogelschutz (heute Deutscher Naturschutzbund).
Der Moorbruchwald setzt sich aus Moorbirken, Weiden, Eschen und Fichten zusammen. Er trägt reichen Strauch-Unterwuchs. Am Boden gedeihen das hübsche bäumchenförmige Leitermoos, der Sauerklee und die quirlblättrige Weißwurz. Der am Weg entlangführende Wassergraben ist gefüllt mit Torfmoos, Wasserlinsen, Wasserstern und Brunnenkresse. Manche feuchtigkeitsliebende Orchidee hat hier ihren Lebensraum. Am Rand des Schilfs gedeihen Breitblättrige Rohrkolben. Sie heißen auch Narrenszepter, Narrenkolben oder Schmakeduzien. Da und dort finden sich ganze Sträuße der herrlichen Prachtnelken. Das uralte Liebessymbol zeigt an, daß der Sommer sich dem Ende zuneigt. Wer besonderes Glück hat, kann im Moor auch noch das selten gewordene Karlsszepter finden, ein stattliches Läusekraut, das wohl noch aus der Eiszeit stammt.

Schwäbische Alb

Eindrucksvoller Canyon und seltene Holzwiesen

Die Obere Donau und das Irndorfer Hardt

»Schwäbischen Canyon« nennt Ernst Waldemar Bauer das Durchbruchstal der Oberen Donau im Südwesten der Schwäbischen Alb. Die Steilwände der Kalkfelsen, die jäh aus dem engen Tal aufsteigen, und der Mangel an Zuflüssen geben ihm recht.

Doch schon bevor die junge Donau in den Bereich der Alb eintritt, weckt sie unsere Aufmerksamkeit. Oberhalb von Tuttlingen, zwischen Immendingen und Möhringen, versinkt sie in trockenen Zeiten im verkarsteten Untergrund. Erst nach 12 Kilometern unterirdischen Laufs durch ein wassererfülltes Höhlenlabyrinth mit einem Volumen von 50 Millionen Kubikmetern kommt sie in der mächtigen Aachquelle wieder ans Tageslicht. Vergleichbares können wir bei Fridingen erleben.

Der Aachtopf zählt – ebenso wie der Blautopf bei Blaubeuren – zu den größten Quellen Deutschlands. Die Schüttung der Quelle kann bis zu 25 000 Liter Wasser in der Sekunde betragen. Die Aach fließt schließlich zum Hochrhein – die Donau als Nebenfluß des Rheins!

Unterhalb der Stadt Tuttlingen – Wassernachschub kommt vor allem von der Alb – hat die Donau in jahrmillionenlanger Mühe den großartigsten Teil des Canyons geschaffen. Schluchtwälder, Felswände, Felsköpfe und freistehende Felsnadeln prägen das Bild. Burgen und Schlösser krönen das Tal. Weltweit bekannte Schätze abendländischer Kultur finden sich in der Benediktinerabtei Beuron.

Die ersten markanten Akzente setzt die Landschaft um die Städtchen Mühlheim und Fridingen. Der Stiegelesfels ist ein mächtiges Felsenriff mit reicher Steppenheideflora. Wenig später folgen über dem zunächst verkehrsfreien Tal aussichtsreiche Felsbastionen, die lohnende Blicke in die Tiefe und zur anderen Talseite ermöglichen.

Vieles ist über die Schönheit des oberen Donautals bereits geschrieben worden. An dieser Stelle soll nur eine kurze Charakterisierung aus der Festschrift zum 50jährigen Bestehen des Schwäbischen Albvereins (1938) zitiert werden: »Wenn es auch schwer ist, über Landschaften Werturteile zu fällen – das ist unbestritten, daß der Donaudurchbruch zwischen Mühlheim und Sigmaringen zu den Glanzpunkten der Alb gehört! Wer möchte sagen, er habe dort nichts mehr zu sehen oder zu entdecken – auf den ungezählten Felsvorsprüngen und an den mächtigen Bergwänden, in den geheimnisvollen Höhlen und auf den felsgegründeten Burgruinen?

In dem raschen Wechsel der einzelnen Landschaftsbilder liegt hier ein Hauptreiz (...) Der Wanderer (...) wird etwa von Fridingen aus über Knopfmacherfels und Ruine Kallenberg und Bronnen sich dem Kloster Beuron zuwenden (...) Mit

Blick auf die durch Versickerungen geschwächte Donau. Das Tal zwischen dem Knopfmacherfelsen bei Fridingen und dem Schmeiental bei Sigmaringen zählt zu den schönsten Landschaften der Schwäbischen Alb.

Am Donaudurchbruch.

Schloß Werenwag hoch über dem Durchbruchstal der Donau, das Felsenriffe säumen.

Wildenstein und Werenwag erreicht er die namhaftesten Burgen des oberen Donautals. Welche Wucht in den Felsmassen, welch eine Kühnheit der darauf gesetzten Bauten. Welcher Reichtum des Ausblicks auf Berge und Schluchten, auf Täler und Wald! (...) Ständig wechselt die Gestalt der Landschaft; oft scheint es, als sei das Tal abgeriegelt, und doch findet der Fluß seinen Weg, seit er sich diesen in unendlicher Arbeit im Kampf mit dem Gebirge geschaffen.

Großartig ist der Blick vom Schaufelsen, vorgeschichtlich berühmt die Höhle im benachbarten Falkenstein (...) Vor Sigmaringen ist das Tal mit einemmal anders geworden: hatte sich vorher der Fluß durch schroffe Felsen den Durchbruch erkämpft, so strömt er jetzt frei im weiten Bett durchs liebliche Wiesental.«

Der Schwäbische Canyon! In der Tat ein Wanderparadies par excellence. In dem als »Naturpark Obere Donau« ausgewiesenen Gebiet ist an Wochenenden oft viel Betrieb. Die Belastungen für die Landschaft durch Touristen, Paddler und Kletterer sind unübersehbar. So mußten und müssen vernünftige Kompromisse gefunden werden zugunsten des Menschen ebenso wie zugunsten der Natur mit ihren Lebensräumen für eine reiche Tier- und Pflanzenwelt. Noch brütet der seltene Wanderfalke in den Felsen, noch horstet hier der Uhu, fliegt der Kolkrabe.

Im Vorfrühling erblüht an feuchten Waldstellen die Frühlingsknotenblume, die wir landläufig als Märzenbecher kennen. Gefülltes oder Großes Schneeglöckchen heißt man sie auch mit den gelbgrünen Spitzen an den Blütenblättern. Im Klebwald folgen alsbald der Hohle Lerchensporn, der Wald-Gelbstern, die Einbeere und der Aronstab. Auch in den benachbarten Felsschluchten und Geröllhalden zeigt die Natur ihre Lebenskraft. Selbst in kaum vom Licht erfaßten Höhlen findet man eine interessante Flora.

In den Geröllfeldern wachsen Ruprechtsfarn, Schildampfer und die Himmelsleiter. Die Färber-Hundskamille entfaltet ihre ganze Pracht; sie diente einst den Woll- und Stoff-Färbern als wertvoller Rohstoff. Ähnliche Verwendung finden Färberginster und Färberresede.

Die Felsennelke und der Traubensteinbrech erinnern an die letzte Eiszeit, in der sie in unsere Gegend kamen. Ihre Standorte auf und zwischen den Felsen hat der Altmeister der württembergischen Botanik, Robert Gradmann, als »Steppenheide« beschrieben. Mit Hilfe der mikroskopischen Untersuchung von Blütenstaub, der Pollenanalyse, läßt sich ein Pollendiagramm erstellen, das die Entwicklung der Albflora über die Zeiten hinweg widerspiegelt. Nach Ernst W. Bauer spricht man von der »Dryaszeit«, die nach der Silberwurz (Dryas octopetala) benannt ist. Diese Pflanze finden wir heute noch in den Alpen.

Wenn im frühen Sommer der Flutende Hahnenfuß die Wasseroberfläche der Donau überzieht, emp-

1

2

Vielfältige Fauna und Flora im »Naturpark Obere Donau«: Brillenschötchen (1), Märzenbecher (2), Schildampfer (3), Apollofalter (4).

3

4

Die Silberwurz, die einst hier beheimatet war, findet man heute u. a. noch in den Alpen.

fiehlt sich ein Abstecher auf die Hochfläche der Alb. Nördlich von Beuron liegt Irndorf und noch etwas weiter das malerische Irndorfer Hardt, eine ehemalige Holzwiese, die vormals als Waldweide genutzt wurde. Die Hecken und Bäume dienten der Deckung des Holzbedarfs, die Wiesenfläche zur Heugewinnung. Es sind »einmähdige« Wiesen, die sehr rar geworden sind auf der Alb, da die Bauern sie kaum noch nutzen. Als Zeugen einer alten Kulturform werden einige der Holzwiesen von der Gesellschaft für Naturkunde, vom Albverein, vom Schwäbischen Heimatbund und anderen Vereinigungen auf der Alb gepflegt.

Das Irndorfer Hardt ist ein Naturschutzgebiet mit strengen Ge- und Verboten. Zu Recht! In der flachen Karstwanne mit zum Teil entkalkten Böden und Kaltluftbecken gedeiht eine Pflanzenwelt, die sich erheblich von der auf der übrigen Alb unterscheidet. Fast feierlich ist einem beim Gang durch das Hardt zumute. Archaisch erscheint die Land-

Eine Auswahl von Pflanzen, die in der Karstwanne des Irndorfer Hardt gedeihen:
Eisenhut (1),
Waldstorchschnabel (2),
Berghähnlein (3),
Wiesenbocksbart (4),
Färberscharte (5),
Bergflockenblume (6),
Ebensträußige Wucherblume (7).

1

2

3

4

5

6

7

Das Naturschutzgebiet Irndorfer Hardt, eine ehemalige Holzwiese.

schaft mit ihren markanten Baumgruppen und Buschinseln. Flutendes Licht liegt über der Hochfläche in 860 Meter Höhe.
Die Bergflockenblume brilliert mit prächtigen, feinmodellierten Blütenkörbchen. Immer wieder fällt auch ein anderer Korbblütler ins Auge: Leuchtend gelb zeigt sich der Wiesenbocksbart; fast grasartig sind seine Blätter. Im Volk heißt er auch »Guggegai« – eine Zusammensetzung aus »Guck« und »Gauch«, was beides Kuckuck bedeutet, da die Pflanze mit dem Blühen beginnt, wenn der Kuckuck ruft. Bei Kindern war der Bocksbart früher sehr beliebt, der saftige Stengel wurde ausgesogen oder gegessen. Was so gut schmeckte wie das Habermark, das früher aus Hafer gewonnen wurde. Darum heißt die Pflanze auch Habermark, und man hört heute noch den Spruch: »Habermark macht Buaba stark«.
Da und dort steht die Zweiblättrige Kuckucksblume, eine hübsche Orchidee, und an feuchteren Wiesenstellen findet man mitunter das Gefleckte Knabenkraut, das derselben Familie angehört. Am Waldrand blüht die Akeleiblättrige Wiesenraute. Aus dem Wald strahlt reinweiß der Platanenblättrige Hahnenfuß, und neben der Ebensträußigen Wucherblume schaukelt der Waldstorchschnabel im Wind.
Nur der sehr aufmerksame und kundige Wanderer wird den Gelben Enzian oder das Berghähnlein, eine alpine Anemone, finden. Vielleicht auch die Perückenflockenblume, die Buschnelke oder das Sandglöckchen.

Rechts und links der Eyach

Die Balinger Berge

Hoch über das Tal der tief eingegrabenen Eyach ragen die Balinger Berge als höchster Teil der Schwäbischen Alb bis knapp über tausend Meter hoch in den Himmel. In 833 Meter Höhe beginnt in einem stillen Waldtal nördlich von Albstadt-Pfeffingen die Eyach ihren stürmischen Lauf. Schon nach 12 Kilometern hat der Fluß eine Höhenlage von nur noch 580 Metern erreicht.

Rechts der Eyach thront der breit hingelagerte Heersberg über dem Tal. Auf seiner nordwestlichen Berg-Halbinsel liegt 912 Meter hoch das kleine Burgfelden, einer der höchstgelegenen Orte im Land. Fast unmittelbar am Ortsrand fällt der Berg nach drei Seiten hin steil ab. Das Dorfbild wird geprägt von der berühmten, alten Michaelskirche. Nur wenige Schritte sind es von dort zum vielgepriesenen Felsen Böllat. Dort öffnet sich überraschend eine andere Welt, wenn wir an den Rand des Felsmassivs treten und unvermittelt eine der erlebnisreichsten Aussichten der Alb genießen. Vor uns liegen die stattlichen Balinger Berge mit Gräbelesberg, Hörnle und Lochenstein; dahinter folgt der Plettenberg und weit danach der Schwarzwald. Der Blick schweift bis zu den Gäulandschaften jenseits des Neckars und wieder zum Albrand beim Hundsrücken. Der sich neigende Tag bringt neue Farben und Farbübergänge vom zarten Pastell bis zu kräftig hingemalten Tönen. An dieser Stelle sei Eduard Paulus zitiert:

»Ihr lieben Leut, was wöllet
Ihr immer in der Schweiz?
Ich führ' euch auf den Böllet –
gewißlich keinen reut's.«

Eine Landschaft mit großartigem Panorama, aber auch dem Reiz verborgener Schönheit. Die Gegend hat viele Gesichter. Hier die eindrucksvolle stille Berglandschaft, dort das geschäftige Leben im Tal, wo sich die Industrie mit bedeutenden Sparten der feinmechanischen und der textilen Fertigung niedergelassen hat.

Diese Landschaft muß man zu jeder Jahreszeit erleben, auch wenn es in dieser Höhenlage manchmal »um einen Kittel kälter ist« als anderswo. Der Winter ist oft schneereich. Und der Frühling ist überall auf der Alb ein Erlebnis. Später als im Unterland zieht er hier ein, dann aber machtvoll. Er nimmt Besitz von den Obstbäumen im Tal, den Schlehenbüschen am Hang, und er überzieht die Hangwälder mit dem Zauber der Frühblüher. Wenn das helle Grün der Buchen die Hänge emporwandert, kündigt sich schon der Sommer mit herrlichen Orchideen an. Und ein Sonnentag auf den Hochwiesen und Wacholderheiden ist erholsamer als eine Wochenendhatz ins Hochgebirge. Im Herbst leuchten die Buchenwälder dann in allen Farben.

Das ist die Alb, wie sie immer wieder von Eduard Mörike, Ludwig Uhland, Gustav Schwab und vielen anderen besungen wurde.

Von Tieringen südlich des Eyachtals führt ein Sträßchen und schließlich ein bequemer Wiesenpfad zum Hörnle, das zwischen dem Gräbelesberg und dem Lochenstein mit seinen gewaltigen Felswänden ein prägendes Landschaftselement darstellt. Vom steilen Fels sieht man hinaus in die Weite des Landes. In fast 950 Meter Höhe geleitet uns der Pfad durch die »Hülenbuchwiesen«, die – ebenso wie das Irndorfer Hardt – früher Holzwiesen waren. Sie sind ein gutes Beispiel für eine intakte einmähdige Wiese mit berühmter Flora.

Der Heimatverein »Kohlraisle« in Tieringen pflegt mit Engagement die Landschaft. Er nennt sich nach der Traubenhyazinthe, die auf der Alb »Kohlraisle« heißt. Eine Blume von solcher Beliebtheit hat viele Namen. »Krüagla« und »Kaminfeger« sagt man oder auch »Baurabüabla«, weil die Blüten dem einstigen bäuerlichen Blauhemd so ähnlich sehen. Heute steht die Traubenhyazinthe in vielen Formen in den Gärten.

Am Wegrand leuchtet der Wiesen-Hornklee in sattem Gelb, rötlich umrandet. Das auffallende Knol-

Aufgrund seiner natürlichen Festungsformation wurde der Gräbelesberg schon in keltischer Zeit als Fliehburg genutzt.

Die beliebte Traubenhyazinthe hat im Volksmund viele Namen.

Die Hülenbuchwiesen sind ein herrliches Wandergebiet. Durch die Holzwiesennutzung erhielt die Landschaft ihren weitläufigen Charakter mit Busch- und Baumgruppen.

lige Mädesüß, ein ansehnliches Rosengewächs, unterscheidet sich mit seinen zahlreichen Fiederblättern vom in sumpfigen Wiesen gedeihenden Echten Mädesüß. Der Klappertopf ist hier Legion. Er gehört zur Familie der Rachenblütler. An ihm fällt neben den seltsamen Blüten mit dem helmförmigen Rachen der aufgeblasene Kelchbauch ins Auge, in dem nach der Fruchtreife die Samen bei jeder Berührung »klappern«.

An der Bergkante empfängt uns das Breitblättrige Laserkraut als stattlicher, würzig duftender Doldenblütler. Mit prächtigen tiefblauen oder violetten Blüten präsentiert sich der Wiesensalbei. An seinem wie bei allen Lippenblütlern vierkantigen Stengel sitzen kreuzweise gegenständige Blätter, die einförmig, gekerbt und recht runzelig sind. Während die Bunte Kronwicke den Weg säumt, bekrönt das hübsche Sonnenröschen viele Felsen. Der kleine Halbstrauch mit reich verzweigten Wurzeln besitzt zahlreiche Stengel.

Die Balinger Berge sind reich an Orchideen. Von den rund 60 deutschen Orchideenarten findet man hier weit über die Hälfte. Gerade die ungedüngten Bergwiesen bilden für sie ein ideales Revier. Häufig trifft man auf die Gewöhnliche Händelwurz, deren rosa gefärbte Blüten mit einem langen, für Nachtfalter passend geformten Sporn ausgestattet sind. Herb, fast unangenehm ist ihr am Abend ausströmender Duft. An trockenen, oft humusarmen Stellen und an Felsen leuchtet der Blutrote Storchschnabel, ein attraktives Storchschnabelgewächs. Viele weitere Arten, wie der Wiesen-Storchschnabel und das Ruprechtskraut, gehören zu dieser Familie. Ihre Früchte sind länglich, schnabelartig geformt.

Eine besondere Kostbarkeit der Pflanzenwelt in den Balinger Bergen ist der Gelbe Enzian. Eine der auffälligsten und vornehmsten Blumengestalten der Alb. Ihre fünf fast bis zum Grund goldgelben Blüten umgeben den Stengel quirlförmig. Als Tee getrunken half der Gelbe Enzian bei Magen- und Darmleiden, bei Gicht und Rheuma. Und wenn

der bekannte Enzianschnaps auch auf den Flaschen mit dem Konterfei eines blauen Enzians Reklame macht, so wird der erdig schmeckende Magentröster doch aus der Wurzel des Gelben Enzians gebrannt.
Fast alle unsere Wiesen sind inzwischen »landwirtschaftliche Fettwiesen«, die intensiv mit Maschinen und Mineraldünger bearbeitet und als Futterfabriken genutzt werden. Sie bringen viel Heu, haben aber nur wenig Pflanzenarten. Man erkennt sie schon an der frühsommerlichen Farbe: Gelb herrscht vor mit Hahnenfuß und Löwenzahn oder das Weiß von düngerliebenden Doldengewächsen. Die vielen Arten von Wiesenblumen wurden auf Raine und Böschungen verdrängt.
Tief unter dem gleich einem Schiffsbug über das Eyachtal ragenden Hörnle liegt, südwestlich von Laufen, das Naturschutzgebiet Untereck. Ein steiler Pfad führt durch den Schluchtwald hinab zu diesem im Kern schon seit sieben Jahrzehnten bestehenden Bannwaldgebiet. Da dem Gebirge in der ausgesetzten Hochlage die oberen Schichten des Weißen Jura längst verlorengegangen sind, steht hier vor allem Weißjura Alpha mit darüberliegenden Mergel- und Tonschichten an. Über diesen tritt Wasser aus, so daß Schmierschichten entstehen, die zu Bergstürzen führen. Darüber lagern die Wohlgeschichteten Kalke des Weißjura Beta.

So entstanden über dem Untereck Erosionsrinnen, in deren Ruhezonen sich eine Pflanzengesellschaft entwickelte, die nach dem Berg-Reitgras Calamagrostis-Gesellschaft genannt wird.
Hier gedeiht auch die seltene Buchsblättrige Kreuzblume. Einen düsteren Eindruck erwecken die feuchten Unterhänge rechts und links des »Wasserlochs« mit urwaldähnlichem Charakter.
Das Schild mit der Aufschrift »Totalreservat« weist darauf hin, daß hier jegliche forstliche Nutzung ruht: »Alles bleibt sich selbst überlassen, damit die Waldvegetation sich ungestört entwickeln kann. Bannwälder dienen vorwiegend der Wissenschaft als Freilandlaboratorien, sollen aber auch dem Besucher einen Eindruck von der unbeeinflußten Natur vermitteln.«
Ein Hochsommertag. Moosüberzogene Baumstämme liegen kreuz und quer. Farne wuchern; der frühblühende Bärlauch ist auch jetzt noch an seinem eindringlichen Duft zu erkennen. Man bewegt sich in einer lautlosen, dunstigen Welt. Tannen, Bergulmen, Buchen, Eschen, Linden und Bergahorn stehen in beeindruckender Formation beisammen. Eine gewaltige Baumleiche öffnet ihr dunkles Maul. Nur vereinzelt fällt Licht auf den Grund des Waldes. Dort eine uralte Eibe, der gelappte Schildfarn, das Silberblatt, der Zerbrechliche Blasenfarn, die Hirschzunge. Aus alten Stämmen quellen Pilze.
Ein Aronstab sticht aus dem Teppich der Bodenpflanzen hervor. Bis zu 40 Zentimeter hoch kann er werden und doch bleibt er unauffällig: die Blüte bildet eine grünliche Blattscheide mit braunrotem

Die Buchsblättrige Kreuzblume gedeiht am Hörnle.

Hoch über dem Tal der Eyach findet man den Gelben Enzian.

Der Aronstab, eine Kesselfallenblume, liebt den schattigen Schluchtwald.

Der Bannwald »Untereck« liegt am Albtrauf zwischen Lochenhörnle und Gräbelesberg. Er beeindruckt durch seine Urwüchsigkeit.

Kolben. Der unangenehme Duft lockt kleine Fliegen an. Bei der Landung auf dem Kolben kommen sie auf eine Rutschbahn und stürzen in den darunterliegenden Kessel. Eine Haarreuse verhindert ein Entkommen. Aber es geht den »Gefangenen« gut; es gibt Nahrung in Form eines süßen Sekrets, mit dem sie sich beschmieren. Wenn schließlich der Blütenstaub herabrieselt, werden sie ganz eingepudert. Nun trocknen die Kesselwände und der Blütenkolben aus, die Reuse erschlafft, und der Weg noch draußen wird frei.

Beim Bauern galt der Aronstab einst als »Erntezeiger«: je nach Häufigkeit der Reusenhaare, der Stempel und der Fruchtknoten gab es eine gute oder schlechte Heu-, Getreide- oder Kartoffelernte. Im Spätsommer künden noch leuchtend rote Fruchtkolben von dieser eigenartigen Kesselfallenblume.

Die Schönen der Alb

Orchideen und Ackerwildkräuter am Michelsberg

Markante Felsen kennzeichnen die Hausener Wand am Michelsberg.

Die Orchideenlippe der Fliegenragwurz ähnelt einem Insekt.

Die Fils entspringt wenige Kilometer oberhalb des romantischen Städtchens Wiesensteig in 625 Meter Höhe. Sie sucht ihren Weg zunächst in östlicher Richtung. Bei Geislingen an der Steige wendet sie sich unvermittelt nach Nordwesten und erreicht den Neckar bei Plochingen.

Der obere Talabschnitt wird liebevoll das Geißentäle oder einfach auch »Täle« genannt. Er ist von besonderem landschaftlichen Reiz. Wenig ist hier zu spüren von der Hektik des verkehrsreichen unteren Filstals. Bewaldete Berge und langgezogene Wacholderheiden säumen das Tal. Am eindruckvollsten ist der Michelsberg mit seinen markanten Felstürmen und -wänden. Von der Höhe aus eröffnen sich weite Blicke über die Albhochfläche und hinab in den Talgrund, mit den Bäder- und Kurorten Bad Ditzenbach und Bad Überkingen.

Hoch über dem jetzigen Tal der Fils floß einst das Wasser in südöstlicher Richtung als »Ur-Lone« der Donau zu. Die von der stärkeren Erosionskraft des Rheins und seiner Nebenflüsse bewirkte Flußumkehr hat der Donau viele ihrer früheren Zuflüsse geraubt. Sie wurden »geköpft«, wie der Altmeister der Geologie, Georg Wagner, es ausdrückte.

Der Michelsberg, der Tälesberg und der Wasserberg, die Nordalb, die Hochalb und der Leimberg laden zum Wandern ein. Nicht minder erlebnisreich ist die Rundwanderung entlang der Bergkante an der Südseite des Filstals.

Und wie überall auf der Alb finden sich hier schö-

Die Pfingstnelke, auch »Felsnägele« genannt, ziert die Felsköpfe über dem Filstal.

ne Orchideen. Orchideen! Weht nicht ein besonderer Zauber um dieses Wort? Lockt es nicht unsere Phantasie in die Welt des Exotischen? Orchideen kommen in fast unvorstellbarem Formen- und Farbenreichtum vor. Mit weit über 25 000 Arten bilden sie die größte Pflanzenfamilie der Welt. Und dabei richtet sich der Blütenaufbau bei allen Arten nach demselben Grundschema: insgesamt sechs Blütenblätter sind in zwei Kreisen angeordnet, wobei eines, das zum inneren Kreis gehört, als auffallende Lippe oder aufgeblasener Schuh erscheint. Dieses eine, besonders charakteristische Blütenblatt setzt sich meist nach hinten in einem nektarreichen Sporn fort.

Rund 60 Orchideenarten zählt man in Deutschland; etwa 40 davon kann der aufmerksame Wanderer auf der Schwäbischen Alb entdecken. Doch die meisten unserer »Knabenkräuter« sind selten geworden. Sie stehen in hartem Lebenskampf mit den Umweltbedingungen, die durch die Einwirkungen unserer Zivilisation verschlechtert wurden. Es mag ein gewisser Trost sein, daß die Orchideen heute ausnahmslos unter Naturschutz gestellt sind.

Purpurrote Farbakzente beleben Ende April das noch gleichförmige Braun und Gelb des Bodens. Zwischen den hochaufschießenden, zottig behaarten Fruchtständen der frühblühenden Küchenschelle treffen wir unsere erste Orchidee, das Mannsknabenkraut. Einer Hyazinthe ähnlich, erhebt sich zwischen den grundständigen Blättern eine reiche Blütenähre, deren intensive Leuchtkraft noch durch die Gleichfärbung des Blütenstengels verstärkt wird.

Der Graue Löwenzahn ist sehr selten und bedarf des besonderen Schutzes.

Das Kammknabenkraut verströmt einen außergewöhnlichen Duft.

Je weiter der Frühling voranschreitet, desto reicher wird auch die Vielfalt der die kalkreichen Heideböden liebenden Orchideen. Hellviolett leuchtet das Helmknabenkraut. An ihm ist alles zierlich geformt; über den lang herablaufenden Lippen wölbt sich – der Sturmhaube eines mittelalterlichen Kriegers vergleichbar – ein rötlich-grauer Helm.

Zwischen dem Saum des Waldes und der lichtüberfluteten Hochwiese liegt ein Heidestreifen mit Wacholder. In den tiefen Furchen des verwachsenen Weges sonnen sich die Eidechsen, die Blindschleichen, auch eine Schlingnatter. Der Wiese zu wiegt sich das sattpurpurne Kammknabenkraut im Wind. Seinen Blüten entströmt ein außergewöhnlicher Wohlgeruch.

In der Nachbarschaft der Händelwurz stoßen wir auf die erste von vier bei uns vorkommenden Ragwurzarten. Am grünen Stengel scheinen mehrere Fliegen zu sitzen. Bei näherem Zusehen merken

An steinigen Albhängen findet man den »Russischen Bär«, eine interessante Falterart.

Das sogenannte Adonisröschen zählt zu den gefährdeten Ackerwildkräutern.

wir, daß die »Fliege« in Wirklichkeit die Lippe einer Orchideenblüte ist. Sie imitiert eine Erdwespenart. Beim hoffnungsvollen Hochzeitsflug glauben die Männchen hier auf ein Weibchen zu treffen. Es wird »begattet«, der Blütenpollen wird aufgenommen und beim nächsten »Partner« weitergegeben. »Mucka« oder »Mückla« heißt die Fliegenragwurz im Volksmund. Ähnlich ist es mit der verwandten Hummelragwurz. Die große, samtartige Lippe ähnelt dem Insekt auffallend. »Sammetma'la« und »Totaköpfle« wird sie genannt.
Warme Maisonne liegt über dem steinigen, locker bewaldeten Hang, an dem wir eine stattliche bis zu 70 Zentimeter hohe Orchidee entdecken, das Purpurknabenkraut. Sein kräftiger Stengel endet in einer langen Blütenähre, die aus vielen einzelnen Blüten besteht. Ihre dreilappige Lippe ist mit dunkelroten Büscheln von Safthaaren besetzt.
Eine einzige Orchidee kann hunderttausend und mehr Samen erzeugen. Es gibt viele Gründe, warum unsere Orchideen trotz dieser Zahl so selten sind. Nur ein kleiner Bruchteil der winzigen Samen kommt zur Entwicklung. Der Wind trägt sie über weite Strecken fort, bis sie schließlich von einem Regenguß ins Erdreich geschwemmt werden. Dort ist zur Keimung ein bestimmter Fadenpilz notwendig. Zwischen diesem und dem Keimling bildet sich eine Lebensgemeinschaft, ohne die sich keine Orchidee entwickeln kann, denn die Samen haben keine Nahrung mitbekommen. Zudem haben die Orchideen hohe Ansprüche an die Zusammensetzung des Bodens sowie an die Licht-, Wärme- und Feuchtigkeitsverhältnisse. Erst wenn alle Bedingungen stimmen, kann es sein, daß die Pflanze nach acht, zwölf oder noch mehr Jahren erstmals oberirdisch erscheint. Diese prächtigen Geschöpfe bedürfen unseres besonderen Schutzes. Ein erbärmliches Ende in der Mülltonne ist unverzeihlich.
Im oberen Filstal haben, wie im Tal der jungen Donau, Eiszeitrelikte überlebt. Da bekrönen der Traubensteinbrech, das Bergsteinkraut und die Pfingstnelke, unser »Felsnägele«, die Felsköpfe, und schon im Vorfrühling erweist sich die Felsenhungerblume an ihren mageren Felsstandorten als echter Hungerkünstler. Als besondere Kostbarkeiten kommen auch der Graue Löwenzahn, der Quellfarn oder die Bergdistel vor.
Die Felsenhungerblume überlebt mit flachen, polsterbildenden Blattrosetten, die das kleine Nahrungs- und Flüssigkeitsreservoir vor der Austrocknung durch Wind und Sonne schützen. Auf ähnliche Weise überstehen auch der Steinbrech und das Steinkraut die Unbilden der Natur. Die Pfingstnelke ist ein leider oft verfolgtes Kleinod der Alb. Leuchtend hellrote Blütenbüschel erheben sich über einen niederen Rasen aus grasartigen, steifen Blättern. Zum Schutz der wertvollen Fels- und Steppenheidestandorte mußten auch hier Kompromisse mit Wanderern und Kletterern gefunden werden.

Mit leuchtenden gelben Blüten machen an den buschigen Waldrändern hin und wieder die Berg-Kronwicken auf sich aufmerksam. Und wo es ein bißchen steinig ist, können wir auf dem Dost einen schönen Falter, Russischer Bär genannt, entdecken. Er öffnet bei Gefahr – zum Beispiel durch einen Vogel – blitzschnell seine Flügel und zeigt eine warnende Signalfarbe.
Wer gibt dem Menschen eigentlich das Recht, eine Pflanze als »Un-Kraut« zu bezeichnen, nur weil sie vielleicht dem Bauern oder dem Gärtner nichts nützt oder lästig ist? Unsere Ackerwildkräuter sind ebenso wichtig für das Gleichgewicht der Natur wie alle anderen Pflanzen. Ist es nicht ein bedenkliches Zeichen, wenn heute eigens Feldflorareservate zum Schutz der fast ausgerotteten Wildkräuter angelegt und gepflegt werden müssen, so wie am Beutenlay bei Münsingen, bei Brainkofen nahe Schwäbisch Gmünd oder eben hier, am Fuß des Michelsbergs bei Unterböhringen? Auch sogenannte Ackerrandstreifen-Programme tragen dazu bei, daß Ackerränder von der modernen Technik und Chemie verschont bleiben. Hier haben eine Kornblume, eine Kornrade oder eine Ackerwinde noch eine Chance. Andere, wie der Klatschmohn, die Wegwarte, der Hederich oder der Ackerwachtelweizen, gedeihen zu ihrem Glück auch auf anderen Plätzen, an Ruderalstellen, Böschungen und Wegrändern.
Am Wegrand finden wir heute noch häufig die Wegwarte, jene Pflanze aus dem Märchen, in dem sich das verliebte Mädchen, das lange Zeit am Wege auf den ausgezogenen Liebsten gewartet hatte, schließlich in eine Blume verwandelte. »Cichorium« heißt die Pflanze. Die Entdeckung des Majors von Heine, daß sich die Wurzel zur Herstellung von Zichorienkaffee verwenden läßt, wurde zur Zeit Friedrich des Großen als patriotische Tat gefeiert.
Ferner finden wir das meist rote, manchmal auch schwefelgelb blühende Adonisröschen, das wir auch »Teufelsauge« oder »Blutströpfle«, »Fackele« und »Luager« nennen. Nach einer griechischen Sage wurde Adonis, der Liebling Aphrodites, von dem Eber des Ares tödlich verwundet. Aus seinem Blut erblühte das Adonisröschen, während aus den Tränen der Aphrodite die Waldanemonen wurden. Bei diesem Ackerwildkraut reifen wie bei vielen anderen Arten die Samen zugleich mit dem Getreide. So sät sich die Pflanze immer wieder zum richtigen Zeitpunkt aus.
Wir haben eine eindrucksvolle Landschaft mit vielen schützenswerten Kostbarkeiten erlebt. Ohne die Hilfe des Menschen wären diese Schätze in großer Gefahr. Das Bewahren der Natur zählt daher zu unseren wichtigsten Aufgaben.

Bienen auf der Fetthenne, einem Dickblattgewächs.

Pfropfen in der Alb

Randecker Maar und Schopflocher Moor

In der Nähe von Ochsenwang auf der Mittleren Alb wurde das Randecker Maar als Krater eines ehemaligen Vulkans aus der Landschaft des Albtraufs herausmodelliert. Die Alb lag im Miozän schon über dem Meeresspiegel. Ungeheure Kräfte, die auch für die Bildung der Alpen verantwortlich sind, haben dies bewirkt. Vulkanische Ereignisse während des Tertiärs haben diesen Teil der Alb ganz wesentlich geprägt. Das Randecker Maar ist das größte und besterhaltene Beispiel der über 350 bekannten Vulkanschlote, die in dieser Region durch die Abtragung herauspräpariert wurden. Zusammenfassend werden sie heute als »Schwäbischer Vulkan« bezeichnet. Lavaergüsse waren dabei eher unbedeutend. Vulkanisch bedingte Dampfexplosionen spielten die Hauptrolle. Wasserstauende Basalttuffe füllten die Schlote.

Das Randecker Maar erreicht bei 1200 Meter Durchmesser eine Tiefe von 60 Metern. Der einst kreisrunde Krater war lange Zeit mit Wasser gefüllt. In den einstigen Faulschlammschichten, die heute als »Pappdeckelschiefer« erhärtet sind, fanden sich Reste subtropischer Gewächse wie Bambus und Zimtstrauch.

Der Zahn der Zeit, die Kraft der Erosion, hat den Krater »angenagt«: Der nördliche Rand wurde fast abgetragen. Dies hängt mit dem Zurückweichen des Albrands nach Süden zusammen. Der Krater öffnet sich zum Albvorland hin, wo die ebenfalls vulkanisch entstandene Limburg wie ein Vorposten der Alb Wache hält. Sie ist im Kern ein stehengebliebener »Pfropfen« eines früheren Maars, das der Erosion zum Opfer fiel, ein »Härtling«. Auf der Südseite des Randecker Maars schließt sich fast unmittelbar die Schopflocher Torfgrube als flache Mulde an. Sie hat dieselbe Entstehungsgeschichte. Längst ist ihre Seefläche verlandet und vermoort.

Auf den wasserstauenden Schloten liegen viele Siedlungen. Hier gab es Wasser; auf der verkarsteten Alb eine Kostbarkeit. Auf der Schlotfüllung entspringen im Randecker Maar etwa 20 kleine Quellen.

Das Randecker Maar ist der Krater eines tertiären Albvulkans.

Die Gelbe Schwertlilie (oben) gedeiht in der Schopflocher Torfgrube ebenso wie das Tüpfel-Hartheu (Johanniskraut), das bis heute eine bedeutende Heilpflanze ist.

Die Silberdistel, die Charakterblume der Schwäbischen Alb.

Die Quellen der Albtäler sind anderer Natur: mächtige Quelltöpfe, wie der Brenztopf auf der Ostalb oder der Blautopf bei Blaubeuren, sowie wasserreiche Höhlenbäche, wie zum Beispiel in der Wimsener Höhle bei Zwiefalten, die sogar mit dem Boot befahren werden kann.

Wurde das Randecker Maar einst ebenso wie die Schopflocher Torfgrube zur Donau hin entwässert, so fließen die heutigen Quellen des Maarsees nun zum Neckar; aufgrund der größeren Erosionskraft wurde das alte Flußsystem »angezapft« und umgedreht. Die Rinnsale vereinigen sich zum Zipfelbach, der in einer wildromantischen Schlucht zum »Kirschendorf« Hepsisau hinabrauscht. Aufgrund des Pfropfen ist der Zipfelbach der einzige der Alb, der zwar auf der Hochfläche entspringt, aber nach Norden hin abfließt.

Der Kessel des Randecker Maars fällt steil ab. Er ist durchsetzt mit Felsgruppen, Büschen und Feuchtstellen. Am oberen Rand des Maarkessels steht der Salzmann-Stein, ein Denkmal für den Gründer des Schwäbischen Albvereins. Es könnte kaum einen geeigneteren Standort dafür geben. Der Jurasaum des Maars, das quellenreiche Maar selbst, die Blockschlucht des Zipfelbachs und die moorige, teils hochmoorartige Schopflocher Torfgrube – all dies bedingt eine abwechslungsreiche Pflanzenwelt. Der Bereich oberhalb des Kraters ist, soweit er nicht landwirtschaftlich genutzt wird, von Wald und Wacholderheiden geprägt. Neben der vorherrschenden Buche finden sich Eschen, Bergahorn, Hainbuchen und die typische Krautflora, unter anderem der Waldmeister, das Bingelkraut, die Ährige Teufelskralle und das Buschwindröschen.

Die Ährige Teufelskralle blüht im frühen Sommer.

Das Wohlriechende Labkraut, besser bekannt als Waldmeister, wächst in Buchenwäldern. Bei dieser Pflanze mit ihren Blattquirlen und ihrer Vielzahl reinweißer Blüten mit feinem Duft denkt man an Waldmeistereis und an die würzige Waldmeisterbowle. Bei letzterer muß man allerdings vorsichtig sein, denn der hohe Cumaringehalt kann einen ordentlichen Kater bewirken. Schon vor 300 Jahren wurde geschrieben: »Im Maien, wenn das Kräutlein noch frisch ist, pflegen es viele Leute in Wein zu legen und davon zu trinken. Sie vermeinen, daß es der Leber wohltue, item soll es auch das Herz stärken und erfreuen.«

Auch der frühblühende Seidelbast läßt sich im Wald der Alb vereinzelt finden. Wenn auf den sonnenabgewandten Hängen noch Schnee liegt, zeigt der kleine, kaum einen Meter hohe Strauch, der jetzt noch kein Blatt getrieben hat, unmittelbar an den Zweigen kleine, rosenrote Blüten. Sie verströmen einen zarten Duft. Blattlose Zweige mit Blüten besetzt. Könnte man einen besseren Namen als »Steckabloam« dafür finden? Der Seidelbast hat seinen Namen von der alten Bezeichnung »Zeidel« für das Bienenvolk. In alten Büchern findet sich auch der Name »Kellerhals« (»kellen« = quälen); der Genuß der giftigen, roten Früchte verursacht ein heftiges Brennen in Mund und Hals.

Der späte Sommer beschert uns schließlich auch hier die für die Schwäbische Alb charakteristische Blume: die Große Eberwurz, unsere Silberdistel. Etwa 12 Zentimeter Durchmesser haben die Korbblüten mit ihren silberweißen Hüllblättern. Sie sind bei schönem Wetter von 8 Uhr morgens bis zum Abend geöffnet. Wenn sich aber die »Bürstela« am Tag schon schließen, steht Regen bevor. Der Name »Eberwurz« kommt von den eßbaren Blütenböden; sie wurden früher an Schweine verfüttert. Auch als Mittel gegen Fieber wurde die Silberdistel verwendet und, mit Erfolg, gegen eitrige Wunden. Die immer seltener werdende Pflanze verdient unseren besonderen Schutz.

Hier gedeiht auch das Tüpfel-Hartheu, unser Johanniskraut, das heute noch als Heilmittel dient. Die Blätter erscheinen wie punktiert; dies sind Einschlüsse ätherischer Öle. An die Tür gesteckt soll das Johanniskraut Hexen und Gewitter abhalten. Daher wird es auch »Hexakraut« und »Donderkraut« genannt. Als »Mariae Mutterbettstroh« wurde es bezeichnet, weil der rotfärbende Saft als Menstruationsblut der Mutter Gottes gedeutet wurde. Auch als Liebesorakel war die Pflanze wichtig: In der Johannisnacht stellten die Mädchen die Pflanze ins Wasser. War sie am Morgen aufgeblüht, stand eine Hochzeit ins Haus, welkte sie, dann blieb die Ärmste fürs erste ohne Mann.

Neben Salbei, Wollkratzdistel, Braunelle und zottigem Weidenröschen wächst hier auch das Echte

Labkraut. Wegen seiner kleinen, gelben Blüten hieß man es früher den Gelben Käslaib. Die Pflanze enthält ein Ferment, das wie das Lab des Kälbermagens die Milch zum Gerinnen bringt. Sie war deshalb bei der Käseherstellung hochgeschätzt.
In der Zipfelbachschlucht herrschen die Pflanzen des Schluchtwaldes vor, wie z. B. der Winterschachtelhalm, der Efeu, das Christophskraut, das Springkraut und verschiedene Farne. In Waldrandlagen findet sich die Stinkende Nieswurz. Aus ihrem getrockneten Wurzelstock wurde früher das Niespulver gewonnen. Sie findet ihre östliche Verbreitungsgrenze auf der Ostalb.
Die Schopflocher Torfgrube verdankt ihre Entstehung ebenfalls dem wasserundurchlässigen Tuff des Vulkanismus. Wichtig war dabei die abflußlose Maareinsenkung, die zudem durch das Bodenfließen der Nacheiszeit gestaut wurde. So entstand mit der Zeit eine hochmoorartige Landschaft. Heute ist die Mulde durch Abtorfung eher mit einem Flachmoor zu vergleichen; die wenigen verbliebenen Hochmoorreste sind streng geschützt.
Über einen Schwellenpfad erreicht man das »Naturschutzgebiet Schopflocher Moor«. Rechts und links des Pfades sieht man das Schmalblättrige Weidenröschen, die Gelbe Schwertlilie, den Gilbweiderich, den Wiesenknöterich und die Schafgarbe, die an ihren weißen oder rötlichen Trugdolden und den doppelt gefiederten Blättern zu erkennen

Die Stinkende Nieswurz findet man vor allem am Albtrauf.

ist. »Tausendblatt« heißt sie auch. Sie war als Heilpflanze bei Frauenleiden und als Orakelblume geschätzt. Neugierige Mädchen glaubten, ihren künftigen Geliebten im Traum erkennen zu können, wenn sie sich vor dem Einschlafen Blätter der Schafgarbe auf die Augen legten.
Im Mittelpunkt des Schopflocher Moors liegen die Hochmoorreste mit Torfhügeln. Da sie fast kalkfrei sind, finden sich hier Pflanzen, die wir vom Schwarzwald oder dem Schwäbischen Wald kennen: Heidelbeere, Roter Fingerhut, Heidekraut und Wald-Engelwurz. Hinter diesem urwaldähnlichen Hochmoorrest folgen wieder Flachmoore mit dem Teichschachtelhalm, der Kohldistel, dem Pfeifengras und der Flatterbinse. Im offenen Wasser sind Laichkraut und Wasserlinse benachbart.
In seiner Vielfalt ist das Schopflocher Moor eines der wertvollsten Naturschutzgebiete auf der Alb.

Die Zipfelbachschlucht entwässert das Randecker Maar zum Albvorland hin.

»Von Rosen wild umrankt...«

Am Rosenstein

Vom Remstal aus steigt der Rosenstein als bewaldete Mauer zur Hochfläche hinauf. Er wird im Westen von Heubach und im Osten von Lautern begrenzt. Sieht man vom noch weiter östlich gelegenen Ipf bei Bopfingen ab, ist der Rosenstein der östliche »Höhepunkt« der Schwäbischen Alb. Hier vereinigt sich all das, was dieses Mittelgebirge an Besonderheiten zu bieten hat, zu einem großartigen Zusammenklang: der von weißen Kalkfelsen umrahmte, von einer Burgruine gekrönte, steil abfallende und von prächtigem Buchenwald umhüllte Berg, zahlreiche Höhlen als bedeutende Zeugnisse der menschlichen Vorgeschichte, mächtige Erdwälle aus der Hallstattzeit.
In mehreren Windungen führt der Fußweg bergauf. Unvermutet taucht der mächtige Felsklotz auf, der die Burgruine trägt. Auch im Zustand des Verfalls läßt sie erahnen, welche Macht einst von ihr ausgegangen ist. Die »Kleine Scheuer« diente den Menschen der Steinzeit als Jagdunterschlupf.
Vom »Lärmfels« aus ist die Aussicht Richtung Heubach besonders schön, hinüber zu Himmelreich, Rechberg, Hohenstaufen und Teck und hinaus ins weite Land zum Schurwald, dem in fernem Blau schimmernden Schwarzwald, zu den Welzheimer und Ellwanger Bergen. In unmittelbarer Nähe liegt der Scheuelberg, an dessen Fuß früher ein Wegweiser deutliche Auskunft gab: »Bequemer Weg zum Himmelreich« und darunter: »über die Hölle zum Himmelreich«.
Die herrliche Landschaft erschließt sich weiter mit der berühmten Rundwanderung entlang dem Nordabfall des Berges. Von der Dreieingangshöhle, vorbei an Wall und Graben, führt der Pfad zur »Schönen Aussicht«. Wir befinden uns nun auf 735 Meter Höhe, an der höchsten Stelle des Rosensteins. Den Abstieg zur »Großen Scheuer« erleichtert ein Drahtseil. Die eindrucksvolle Höhle ist 40 Meter lang, 6 Meter breit und 10 Meter hoch.
Den östlichen Abschluß des Berges bildet der Hohe Stein, die mächtigste Felsbastei des Rosen-

Das Berglaserkraut gehört zu den seltenen Doldengewächsen der Alb.

Zahlreiche Funde belegen, daß die »Kleine Scheuer« am Rosenstein in der Steinzeit bewohnt war.

Das Rote Waldvögelein bevorzugt lichte Stellen im Buchenwald.

steins. So jäh ist der Absturz, daß ein großer Felsklotz, der sich hier 1907 löste, in der Scheune der Ölmühle im Tal zur Ruhe kam.
Während wir über die kulissenartig hintereinandergefügten Sedelfelsen gehen, begleitet uns die prächtige Flora der Steppenheide; bemerkenswert ist das noble Berglaserkraut, ein mit blaugrünem Laub geschmückter Doldenblütler. Nur wenige Meter sind es nun noch bis zum 133 Meter langen Finsterloch, dessen Besuch mit einer Taschenlampe möglich ist. Fackeln sind wegen der Fledermäuse nicht erlaubt.
Der Zivilisationsmüll im Wald zeigt, daß der Rosenstein ein beliebtes Ausflugsziel ist und unserer besonderen Rücksicht bedarf. Der Ostfelsen ist zeitweilig für Wanderer und Kletterer gesperrt. Der Schutz der wertvollen Pflanzen- und Tierwelt macht dies notwendig; hier hat u.a. der Wanderfalke eines seiner letzten Refugien im Land. So ist der Rosenstein dreigeteilt: im Osten ein Naturschutzgebiet, im Mittelteil Erholungsgebiet und im Westen ein »Schonwald«.
Noch ist die Pflanzenwelt des Rosensteins sehr vielgestaltig. In den Felsspalten sind die Eibe, der Tüpfelfarn, der Blasen- und der Braunstielige Streifenfarn beheimatet; dazu gesellt sich der seltene

Die markante Einbeere besitzt vierzählige Blüten und Blätter. Sie entwickelt nur eine Blüte und dadurch auch nur eine Frucht. Die sehr giftige Pflanze findet man im feuchten Laubwald.

Rasensteinbrech. Auf den Felsköpfen haben sich die verschiedenen Mauerpfefferarten, ebenso die Mauerraute, das Kelchsteinkraut, der Berglauch, das Frühlingsfingerkraut und das Sonnenröschen hervorragend an die Lebensbedingungen angepaßt. Auf den Trockenrasen und Felsbändern finden sich zwischen den Beständen der Bergsegge die Kugelblume, die Kleine Wiesenraute, der Wundklee und die Küchenschelle.
Die Küchenschelle ist ein Hahnenfußgewächs, das im zeitigen Frühjahr blüht und sich vor Kälte und Wind mit einem dichten, grauen Haarpelz schützt. Dieses Aussehen gab der Pflanze den Namen »Pelzweibla« und »Pelzmäntele«. Sie kann auf ihren oft äußerst humusarmen Standorten mit tiefreichenden Wurzeln überleben. Ein weiterer Volksname ist »Hairaschlaufa«, was »Zierde im trockenen Gras (Heu)« bedeutet. Der Name Küchenschelle kommt wohl von »Gucka« oder »Kucha« (halbe Eierschale), der becherförmigen Blüte wegen. Die Früchte mit den Samen erheben sich im Frühsommer hoch über den Boden, denn die Flugfrüchte sollen, ähnlich wie beim Löwenzahn, vom Wind erfaßt und verbreitet werden.
Vor Buschwerk in etwas tiefergründigen Böden gedeihen die Ästige Graslilie, der Blut-Storchschnabel, der Große Ehrenpreis, die Hirschwurz und das bereits erwähnte Berglaserkraut, das auf der Alb wohl nur drei Standorte hat. Dazu gesellen sich die Pfirsichblättrige Glockenblume und der Salomonssiegel. Letzterer gehört zu den Liliengewächsen und hat seinen Namen vom siegelartigen Ende seines Wurzelstammes. Zu dieser Pflanzengesellschaft zählt auch die Schwalbenwurz als typischer Vertreter der Steppenheide.
Die Wälder des Rosensteins sind vielgestaltig. Der Ahorn-Lindenwald zeigt Schildampferfluren und hin und wieder den Großblütigen Fingerhut. Im Steppenheide-Eichenwald finden sich auch Elsbeeren und Mehlbeeren. Der typische Schluchtwald läßt uns das Silberblatt, den Lappen-Schildfarn und die seltene Hirschzunge finden, einen Farn mit ungefiederten Blättern, dessen Sporenhäufchen an der Unterseite in Linien längs der Blattrippen angeordnet sind.
Der Klebwald brilliert mit Lerchensporn, Gelbem Windröschen, Einbeere, Bingelkraut und dem hochgiftigen Gelben Eisenhut, der auch Wolfs-Eisenhut heißt. Wie alle Pflanzen mit dem Beinamen »Wolf« wurde er einst zum Töten von Raubtieren verwendet.

In Süd- und Westlagen gedeiht auf mäßig trockenen Böden der Steppenheide-Buchenwald, der eine Reihe von licht- und kalkliebenden Pflanzen beherbergt. Neben verschiedenen Seggen (Sauergräser) finden sich hier sehenswerte Orchideen, wie das Weiße und Rote Waldvögelein, die Braunrote Stendelwurz und das Große Zweiblatt. Im sogenannten Haupt-Buchenwald geben im Frühjahr die Haselwurz und die Frühlingsplatterbse den Ton an, ebenso das Leberblümchen und das Lungenkraut. Im Frühsommer setzt dann die Türkenbundlilie sattfarbene Akzente.
Bei der Haselwurz sitzen die Blüten unscheinbar unter den zahlreichen, nierenförmigen und glänzenden Blättern und erwarten ihre Bestäuber, kleine Schnecken und Ameisen, am Boden. Das Lungenkraut trägt rötliche und trübblaue Blüten, die der Farbe des Blutes in der Lunge entsprechen. Das Leberblümchen ist der Frühlingsschmuck der Buchenwälder auf der Ostalb. Zehntausende von Blüten legen einen bläulich schimmernden Teppich auf das Gold des Herbstlaubes. Seine Blätter erscheinen schon im Herbst, so daß der gespeicherte Nahrungsvorrat ganz der Blütenbildung vorbehalten bleibt. Die Blätter sollen der Form einer Tierleber ähneln.

Die Türkenbundlilie ist unübersehbar. Meist steht sie vereinzelt im Wald. Oft sind ihre Knospen abgefressen, da sie den Rehen als Aphrodisiakum dienen. Die hochgeschlagenen Blütenblätter ähneln einem türkischen Kopfbund – so hat sie ihren Namen erhalten. Die tief im Boden sitzende Zwiebel der Pflanze ist leuchtend gelb, daher wird sie auch Goldwurz genannt. Die alten Alchimisten sollen einst versucht haben, mit Hilfe der Zwiebel und anderer, geheimnisvoller Ingredienzien Gold herzustellen. Manche Bauern haben die Zwiebel der Türkenbundlilie auch dem Futter beigegeben, damit die Milch der Kühe eine schönere Farbe bekommen sollte.
Die letzten Jahrhunderte brachten eine starke Ausbeutung der Holzvorräte. Inzwischen hat man erkannt, daß der Wald nicht nur Holzlieferant ist, sondern im Wasserhaushalt der Natur eine wichtige Rolle spielt. Wald beeinflußt unser Klima und schützt vor Erosion. Er produziert Sauerstoff und filtert die Luft.
Waldgebiete sind als Erholungsraum von großer Bedeutung für den Menschen und nicht zuletzt wichtigster Lebensraum für eine Vielzahl von Lebewesen. Daher wendet man sich immer mehr ab von der Pflanzung artenarmer Stangenäcker. Wo Laub- und Nadelwald harmonieren und vielfältige Sträucher wachsen, ist die Natur im Gleichgewicht.
Es zählt daher zu den vorrangigen Aufgaben, den Ausstoß von Stickstoffverbindungen und anderen schädlichen Emissionen zu minimieren und das Waldsterben zu stoppen.

Die Türkenbundlilie mit ihren außergewöhnlichen Blütenblättern.

Der Gelbe oder Wolfs-Eisenhut ist eine der giftigsten Pflanzen in Deutschland.

Feuersteinlehme und Dolinen, Karstphänomene und Moorheide

Härtsfeld und Ostalb

Das Wental auf dem Albuch ist ein vielbesuchtes Wandergebiet.

Zur Schwäbischen Alb gehören die hellen Weißjura-Felsen über grünem Buchenwald, die Wacholderheiden, die steinigen Äcker und die weite, sanft dem Donautal entgegenschwingende Hochfläche. Die Ostalb besitzt mit Rosenstein, Braunenberg und Schenkenstein zwar auch diese Charakteristika, aber die Landschaft von Albuch und Härtsfeld zu beiden Seiten der Kocher-Brenz-Furche zeigt mit ihren weitläufigen Fichtenwäldern und den Feuchtgebieten mit dem Charakter von Nieder- oder Hochmoor noch ein anderes Bild. Wir finden hier Böden mit großer Kalkarmut vor: »Feuersteinlehme«, die Überreste der Auslaugung des Weißen Jura darstellen. Im Schwarzwald weit verbreitet sind sie hier eine Besonderheit.

Feuersteinlehm enthält zwei Bodenschätze. Zum einen den Feuerstein, der leicht zu bearbeiten ist und in der Steinzeit zu den bevorzugten Werkmaterialien zählte – die Ostalb zwischen Rosenstein, Ofnethöhlen und Lonetal war daher einst stärker besiedelt als andere Landstriche –, zum anderen das Bohnerz, ein eisenhaltiger Brauneisenstein mit hohem Eisengehalt. Bei der Auslaugung der Alb durch das Wasser blieben Lehme, Tone und Eisenverbindungen zurück. Letztere finden sich als erbsen- oder bohnenförmige Gebilde im Feuersteinlehm und spielten wohl schon eine Rolle, als der Mensch in der Hallstattzeit ab 800 v. Chr. Eisen zu gewinnen verstand. Als gesichert darf gelten, daß Bohnerz im 4. und 5. Jahrhundert in dieser Region gewonnen, in Rennfeueröfen verschmolzen und dann ausgeschmolzen wurde.

Zur Verhüttung des Bohnerzes sind hohe Temperaturen nötig, die mit Holz allein nicht erreicht werden können. Da Kohle hierzulande fehlte, mußte sie auf sogenannten Kohlplatten hergestellt werden.

Die lange Tradition der Köhlerei ist bis in die Gegenwart auf dem Härtsfeld lebendig geblieben. Mitten im Wald rauchen die Meiler, und wenn der Köhler heute auch mit der Motorsäge arbeitet, so ist seiner Tätigkeit doch noch ein Hauch von Romantik geblieben. Die Arbeit des Aufschichtens der Meiler, das Überwachen des »Brandes« – damit es nicht zum »Aufbrennen« kommt – und schließlich das Ablöschen und Abräumen der Holzkohle gehen noch immer wie in alter Zeit vonstatten.

Die Nadelwälder auf dem Albuch werden von mehreren Trockentälern durchzogen, von denen das vielbesuchte Wental mit seinen Dolomitfelsen eine deutliche Rinne in die Albhochfläche gegraben hat. Auf dem Härtsfeld ist als Pendant das Krätzental mit dem Hohlenstein zu nennen. Dazu kommen auf der Ostalb zahlreiche Dolinen, die die Karstlandschaft akzentuieren. Da der Untergrund dieser »Erdfälle« meist undurchlässig ist, haben sich viele mit Wasser gefüllt, ebenso wie zahlreiche ehemalige Erzgruben. »Wagnersgrube«, »Doppelgrube« und »Ilgengrube« sind Namen, die jeder Naturfreund auf der Ostalb kennt.

Die Buchenwälder sind zunehmend den Fichtenforsten gewichen, da die Fichte hier vorzüglich gedeiht. Allerdings sind die Monokulturen weitaus anfälliger für Stürme oder Schadinsekten. Die verheerenden Schäden, die der Sturm »Wiebke« in der Nacht vom 28. Februar zum 01. März 1990 anrichtete, haben dies gezeigt.

Die Wälder auf den entkalkten Lehmen der Ostalb besitzen ihren eigenen Reiz. Die dunklen Fichtenwälder werden von einzelnen Eichen, Buchen, Hainbuchen und Birken belebt. Die Bodenflora präsentiert uns das Heidekraut und die Heidelbeere, die beide so gar nicht zur Alb passen wollen. Der Waldboden ist oft von einem Meer von Farnen der verschiedensten Arten überzogen. Die Waldränder sind da und dort vom Borstgras umsäumt. Mitunter trifft man auf den zierlichen Wald-Schachtelhalm.

Unter den »Allerweltsfarnen« – wie Wurmfarn, Frauenfarn und Dornfarn – fallen der Adlerfarn und der seltene Rippenfarn auf. Inzwischen wurden auch zahlreiche Standorte des Bergfarns gefunden. In seiner Gesellschaft findet sich der Buchenfarn, der nicht wie die meisten andern einen Trichter ausbildet, sondern einzelne Sprosse nach oben schickt.

Die Zwiebeltragende Zahnwurz zählt zur Familie der Kreuzblütler und zeigt in den Blattachseln kleine, zwiebelartige, violette Brutknospen. Im buschigen Wald wächst der Hasenlattich, ein Korbblütler mit herzförmig-stengelumfassenden Blättern und kleinen, in lockeren Rispen angeordneten, purpurnen Blüten. Eine typische Pflanze des luftfeuchten Bergwalds.

Findet man auf der Alb an trockenen Plätzen recht häufig die attraktive Kartäusernelke, so wird sie auf diesen sauren Böden durch die nicht minder hübsche Heidenelke ersetzt. Nicht selten zeigen sie sich nebeneinander; dann wissen wir, daß dazwischen die Trennlinie zwischen Kalk und Feuersteinlehm verläuft. Der Lehm läßt das Wasser nicht so leicht versickern wie auf der »normalen« Alb. So entdeckt man hier manch feuchtigkeitsliebendes Gewächs. Das Gefleckte Knabenkraut gehört als stattliche Orchidee dazu.

Lichte Waldstellen oder gar großflächige Kahlschläge leuchten im Sommer rot von Weidenröschen. Das Schmalblättrige Weidenröschen ist oft bestandbildend. Dazwischen zeigt sich manchmal ein weiterer Exot: Der Rote Fingerhut mit seinen großen purpurnen Rachenblüten, die oft auch Übergänge zum reinen Weiß zeigen, ist eine sehr auffällige Pflanze und berühmt für seine Heilkraft. Sein Gift ist ein wichtiges Arzneimittel in der Herztherapie. Selbstmedikation ist jedoch lebensgefährlich! Die ekelhaft schmeckenden Blätter können Schwindel, Erbrechen und eine Herzlähmung hervorrufen.

Schließlich treffen wir auf dem Feuersteinlehm auch drei Vertreter aus der Familie der Bärlappgewächse. Bärlappe wuchsen einst zusammen mit Farnen und Schachtelhalmen baumhoch in weiten

Der giftige Rote Fingerhut liebt saure Waldböden.

Noch rauchen Kohlenmeiler auf der Ostalb.

Wäldern und bildeten vor Millionen Jahren die sogenannten Steinkohlewälder. Heute werden Schachtelhalme und Farne noch meterhoch, die Bärlappe schmiegen sich mit ihren nadelähnlichen Blättern dicht an den Boden.

Der Sprossende Bärlapp bildet quadratmetergroße Polster aus, die wie Teppiche den Waldboden überziehen. Seine Sporenähren sitzen ungestielt am Triebende. Beim Keulenbärlapp dagegen sind sie langgestielt und jeweils mit zwei Sporenähren versehen. Der seltene Tannenbärlapp trägt seine Sporenkapseln in den Blattachseln. In der Volkskunde und -medizin spielten diese Pflanzen eine bedeutende Rolle; sie wurden z.B. bei Beinleiden für Umschläge verwendet. Die sehr widerstandsfähigen Triebe fanden auch Verwendung als Schmuckreisig. Da der Sporenstaub mit grellen Lichterscheinungen verbrennt, wurde er in kleine Tütchen verpackt als das erste Blitzlicht in der Geschichte der Fotografie verwendet.

Ein feuchter Grasweg führt uns weiter. Hier entdecken wir neben dem Keulenbärlapp eine seltsam geformte Pflanze: Die Natterzunge mit ihrem länglichen Blatteil und einem länglich-schmalen Sporenträger.

Eine Hülbe im freien Feld auf dem Härtsfeld, umgeben von tief eingesenkten Dolinen, ist ein Naturdenkmal von ungewöhnlichem Reiz. Ein dichter Bestand des Wiesenknöterichs mit seinen rosenroten Blütenähren bringt Farbe ins Bild. In Hungerzeiten wurde er als Gemüse gegessen; zudem galt er als Heilmittel bei Schlangenbissen und wird daher auch »Schlangen- oder Natterwurz« genannt.

Weit ins Wasser vor dringt der Fieberklee mit seinen drei kleeblattähnlichen Blättern und den kleinen weißen Blütenwundern. Der Tee aus seinen Blättern schmeckt bitter und fand einst als Fiebermittel Verwendung. Näher am Ufer gedeiht das Sumpf-Blutauge, ein Rosengewächs mit blutroten Blütensternen. Sein langer, kriechender Wurzelstock wurde zum Gerben genommen und ebenso zum Wollefärben. Im umliegenden Röhricht versteckt sich der Ästige Igelkolben. Seine Früchte sind schwimmfähig und sorgen so für die Verbreitung des »Morgensterns«.

Tief im Wald verbirgt sich ein offenes Trockentälchen. Einige mächtige Eichen begleiten es. Das Pfeifengras bildet unübersehbare Horste. Der Bauer verwendete es einst zum Reinigen seiner Tabakspfeife. Am Buschsaum wächst der Echte Ehrenpreis, zusammen mit dem nicht so häufigen Felsen-Labkraut. Hier sticht uns auch das Himmelfahrtsblümle oder Mausöhrle mit seinen leuchtend purpurnen Korbblütenköpfen ins Auge. Frühmorgens an Himmelfahrt wurde es geholt und zu

Auch der zarte Waldschachtelhalm gedeiht auf Feuersteinlehm.

einem kleinen Kranz gebunden. Da der Himmelfahrtstag auf einen Donnerstag fällt, der einst der Tag des Gottes Donar gewesen ist, soll die Blume vor Blitzschlag schützen.
Besuchen wir noch einige ehemalige Erzgruben. Manchmal sind sie vom Breitblättrigen Rohrkolben umstanden, der als Verlandungspflanze gilt. In einigen Gruben haben sich seit vielen Jahrzehnten fremdartige Pflanzen breitgemacht: die Krebsschere mit ihren scharf gesägten Blättern. Sie wird auch Wasseraloe genannt. Noch exotischer erscheint die Drachenwurz mit ihrer glänzenden Blattscheide und dem eigenartigen Blütenkolben, der sich in der Reifezeit korallenrot färbt.
Zwischen Böhmenkirch und Bartholomä auf dem Albuch liegt vom Wald gesäumt die »Rauhe Wiese«. Hier ist die Flora des Albuchs sehr typisch entwickelt. Die Moorheide mit Bildern eines Hochmoors schmückt sich mit Moorbirken vor dem Hintergrund der alten Fichten. Heidekraut und Heidelbeere, Sprossender Bärlapp, Teufelsabbiß und Torfmoos charakterisieren mit Arnika und Schmalblättrigem Wollgras zwischen kleinen Tümpeln und Ameisenhaufen die ungewöhnliche Pflanzengesellschaft.
Die Arnika-Berg-Wohlverleih ist als auffälliger Korbblütler nicht nur auf den Bergwiesen der Alpen zuhause. Sie hat auch in Ostwürttemberg schöne Standorte; der Feuersteinlehm kommt ihren Ansprüchen entgegen, besonders dort, wo er feucht, torfig und nährstoffarm ist. Die dottergelben Blüten leuchten weithin. Sie sitzen einzeln auf dem unverzweigten, behaarten Stengel. Dank ihrer Bitterstoffe und ätherischen Öle gilt Arnika als wertvolle Heilpflanze. Die moderne Medizin warnt jedoch vor der laienhaften Anwendung der streng geschützten Pflanze. Es kann zu Vergiftungserscheinungen kommen. Als vollwertiger Ersatz wird dagegen die unbedenkliche Ringelblume aus unseren Gärten empfohlen.
Charakteristisch für das Wollgras sind, wie erwähnt, nicht seine Blüten, sondern seine Fruchtstände aus überhängenden Wollebäuschen. Der Wind sorgt für die Verbreitung der Flugfrüchte.

Die »Rauhe Wiese« ist eine für den Albuch typische Moorwiese. In diesem Naturschutzgebiet versucht man, die Hochmoorbildung zu erhalten und zu verbessern. Im Vordergrund: Wollgras.

Keulenbärlapp ist typisch für die Feuersteinlehme und Keuperlandschaften.

In einer ehemaligen Erzgrube findet man die sehr seltene Drachenwurz, ein Arongewächs (unten).

Auf den »Weiherwiesen«, auf der Hochfläche südwestlich von Aalen, ist das Verlassen der Pfade ebenso verboten wie auf der Rauhen Wiese. Hier finden wir eines der wertvollsten Schutzgebiete der gesamten Alb. Es wird geradezu als Karstphänomen bezeichnet, da die Verwitterungslehme die Hohlräume im Untergrund verstopft haben. In der flachen Mulde der Weiherwiesen, die von einem ein Kilometer langen Bach durchzogen werden, der dann in einer Karstspalte versickert, hat sich ein Grundwasserspiegel größeren Umfangs gebildet. Es ist das Quellgebietsrelikt des ehemaligen Wentals.

Hier siedelte der Mensch schon in vorgeschichtlicher Zeit. Weit verstreute Grabhügel aus der Hallstattzeit belegen dies. Im Mittelalter lagen hier zwei Weiher, von denen der größere, der Obere Weiher, für die Schafwäsche genutzt wurde. Vor einigen Jahren wurden die beiden alten, trockengelegten Weiher wieder »angespannt«. Ihre Wasserfläche beträgt 3,5 ha inmitten des insgesamt 20 ha großen Feuchtgebiets. Der größte Teil der Weiherwiesen gehört heute dem Schwäbischen Heimatbund.

Pflanzensoziologisch gehört das Gebiet zum Birkenmischwald. Sowohl die gewöhnliche Birke als auch die Moorbirke sind hier verbreitet. Auf den offenen Flächen können wir das Flachmoor, die Moorheide, sauren Magerrasen, Heidekraut und Zwergstrauchheide unterscheiden. Neben der Arnika fallen vor allem die überaus zahlreichen Trollblumen ins Auge.

Aus der Vielzahl der Arten sollen noch das Wiesenschaumkraut, der Körner-Steinbrech, der große Wiesenknopf, verschiedene Johanniskräuter, das Breitblätterige Knabenkraut, die Kuckuckslichtnelke und das Quendelblättrige Kreuzblümchen hervorgehoben werden. Dazu kommen Großseggen, Pflanzen des Röhrichts, der Verlandungsgesellschaften, Wasserpflanzen und eine Vielzahl von Pflanzen, die wir auf der Ostalb schon kennengelernt haben.

Das Wiesenschaumkraut ist eine Frühlingspflanze und wie die verwandte Brunnenkresse reich an Vitamin C. Oft sieht man an diesem Kreuzblütler speichelartige Schaumgebilde. Dies sind die Eiablagen der Schaumzikade, deren ausgeschlüpfte Maden den schützenden Schaum erzeugen.

Häufig begegnen wir in den Moorwiesen zwei Pflanzen aus der Familie der Rosengewächse. Der Große Wiesenknopf wird fast einen Meter hoch und trägt braunrote, länglich-runde Blütenköpfe, die vor allem von Schwebfliegen besucht werden. Als blutstillendes Mittel gebraucht, trägt der Wiesenknopf den wissenschaftlichen Artnamen »officinalis«.

Von noch größerer Bedeutung als Heilpflanze ist jedoch die gelb blühende Blutwurz aus der Gattung Fingerkraut, die auch als »Tormentill« geläufig ist. Sie hilft bei Magenbeschwerden. Ihr mit rotem Farbstoff versehener Wurzelstock gab der Pflanze ihren Namen.

Land aus dem All

Das Ries

Landschaftsprägender Hügel am Riesrand: der Riegelberg.

Das Geschoß rast mit einer Geschwindigkeit von über 70 000 Stundenkilometern durch das All. Ziel des etwa einen Kubikkilometer großen Brockens aus Stein und Metall: die Erde! Fast 15 Millionen Jahre ist es her, daß der Meteorit die Nordhalbkugel unseres Planeten erreichte. Er durchschlug die Juraschichten und das darunterliegende Gestein bis zum Grundgebirge aus Granit und Gneis und dies im Bruchteil einer Sekunde. Dabei wurde Energie freigesetzt, die der Wirkung von 250 000 Atombomben des Hiroshima-Typs entspricht. Eine Katastrophe von unvorstellbarem Ausmaß. Meteorit und getroffenes Gestein explodierten, vergasten und schmolzen bei Temperaturen von ca. 30 000° C zu neuem Gestein und Mineral zusammen. Die Druck- und Hitzewellen vernichteten jegliches pflanzliche und tierische Leben im Umkreis von mehreren hundert Kilometern.

Dies ist die Entstehungsgeschichte des bedeutendsten und besterhaltenen Meteoritenkraters Europas. Er trennt die Schwäbische Alb und den Fränkischen Jura an der Grenze zwischen Baden-Württemberg und Bayern: das Ries. Etwa 40 Kilometer

Georg Wagner, der Altmeister der Geologie Süddeutschlands, bei einer Exkursion ins Ries. Hier war er zum letzten Mal in der Öffentlichkeit zu sehen. 1972 verstarb der große Geologe.

südwestlich schlug noch ein kleinerer Meteorit mit vergleichbaren Folgen ein. Er schuf ein weiteres »Loch« in der Alb: das Steinheimer Becken auf dem Albuch.

Näheres wissen wir über diese Vorgänge erst sei 1960. Damals entdeckten die amerikanischen Geologen Shoemaker und Chao bei der wissenschaftlichen Vorbereitung des Mondfluges die Hochdruckmineralien Coesit und Stishovit im Ries, die man nur von gesicherten Meteoritenkratern kennt. Zuvor waren immer wieder neue Theorien über die Riesentstehung entwickelt worden. Schließlich hatte sich die Meinung durchgesetzt, daß Kräfte aus dem Erdinneren das Loch gerissen hätten. Hochexplosive Gase sollten die Sprengung bewirkt haben.

Nicht nur das Wissen über die Entstehung des Kraters verleiht dem Ries den Charakter des Besonderen. Es liegt in der Form einer flachen Schüssel zwischen den etwa hundert Meter höherliegenden Hügeln des Schwäbisch-Fränkischen Juras. Der mittlere Durchmesser des fast kreisrunden Rieskessels beträgt 24 Kilometer. Von den Randhöhen sieht man in die weite, fruchtbare Landschaft. Die Riesebene ist fast waldlos und wird überwiegend landwirtschaftlich genutzt. Die wenigen bewaldeten Hügel entstanden nach dem Einschlag des Meteoriten durch Rückfederung.

Steinbrüche am Riesrand zeigen zerstörte Weißjurakalke. Die gewohnte geordnete Lagerung in nahezu waagrechte Schichten ist kaum noch erhalten. Viele Schichten liegen schräg oder senkrecht. Manches gar steht auf dem Kopf. Der Weiße Jura befindet sich zuunterst, darüber folgt der Braune und zuoberst schließlich der Schwarze Jura. Auch Keupertone, Sande und sogar Urgestein überlagern als Fremdmassen den Jura.

In manchen Steinbrüchen kommt der Suevit, der Schwabenstein, zum Vorschein. Es ist ein graublaues, tuffartiges Gestein, das durch ungeheure Hitze aufgeschmolzen wurde. Der Bauhandwerker bezeichnet den gut zu bearbeitenden Werkstoff als Traß. Dessen Verfestigung ist der Verschweißung feinster Glaspartikel zuzuschreiben. Oft findet man regelrechte Glasbomben, die vielfach gesammelten »Flädle«. Viele Bauwerke, darunter der »Daniel«, der Turm der Nördlinger Georgskirche, oder die Burg Niederhaus wurden aus diesem Material errichtet.

Hatte schon das durch die ungeheure Wucht des Einschlags zusammengepreßte Gestein durch Rückfederung den kilometertiefen Krater im Nu wieder abgeflacht, so flossen zudem kristalline Gesteine ein und füllten das Loch weiter auf. Man sieht es dem Ries heute nicht mehr an, daß damals nahezu 150 Kubikkilometer Gestein ausgeworfen wurden. Schließlich hinterließ auch noch der sogenannte Riessee, der die Mulde zwei Millionen Jahre lang mit Wasser gefüllt hatte, seine Sedimente. Weite Sümpfe und Sumpfwälder prägten das letzte Stadium des verlandenden Sees, der letztlich völlig aufgefüllt war.

Als gewaltige Kräfte aus dem Erdinnern die Tafel der Alb emporpreßten, begannen Flüsse wie Wörnitz und Eger die weichen Ablagerungen auszuräumen. So wurde die Kraterform wieder deutlich herauspräpariert, und es bildete sich die heutige Gestalt des Rieses. Steppenwinde aus dem Osten trugen fruchtbare Lößböden hierher, die das Ries zur Kornkammer machten.

Die Randhöhen des Rieses im Süden und Südwesten sind vornehmlich von Wald bestimmt. Kalk und die verschiedenartigsten Gesteins- und Bodenmischungen sorgen für eine vielfältige Flora. Am warmen, buschigen Hang gedeiht der prächtige, meterhohe Diptam. Seine Heimat sind die östlichen Steppenwälder. Er wanderte in den Mittelmeerraum und gelangte von dort, vielleicht über die Burgundische Pforte, nach Süddeutschland. Auffallend sind die eleganten, rosa und dunkel geaderten Blüten, die einen feinen, zitronenartigen Duft abgeben. Auch die escheähnlichen Blätter sondern Duftstoffe ab: ätherische Öle, durch die die zarten Blüten vor dem Sonnenbrand geschützt werden sollen. Sie sind leicht entflammbar. Im heißen Orient soll es bei starker Sonneneinstrahlung sogar zur Selbstentzündung kommen. Handelt es sich hier um den Brennenden Busch des Moses aus dem Alten Testament?

In alten Traßbrüchen läßt sich die hübsche Golddistel finden, der kleinere Bruder der Silberdistel. Wo sich Tümpel gebildet haben, wachsen auch die stolze Schwanenblume, die Sibirische Schwertlilie oder die Echte Sumpfwurz, im feuchten Wald die Färberscharte. Am Waldrand treffen wir auf das stattliche Immenblatt als auffälligen Lippenblütler. Dort und zwischen Felsen wächst auch die schlanke Färber-Resede, die einen gelben Farbstoff liefert. Der Kenner weiß unter den zahlreichen Tagfaltern die höchst seltene Berghexe auszumachen oder den Schönen Lauch, eine absolute Rarität. Im frühen Herbst blüht auf der kurzrasigen Heide als letzte Orchidee des Jahres die Herbst-Drehwurz.

Wo das Ries ins Härtsfeld übergeht, liegt der Riegelberg, auch Himmelreich genannt, als abgesunkene Scholle der Kraterrandzone. Der langgezogene Heidehügel ist naturkundlich fast einzigartig. Hier befinden sich auch die berühmten Ofnethöhlen, in denen 1908 Schädelbestattungen mit Schmuckgegenständen aus der Altsteinzeit gefunden wurden. Die Schädel der 10 Frauen, 19 Kinder und 4 Männer weisen Schnittspuren und schwere Verletzungen auf. Wurden sie Opfer einer Seuche, eines Stammeskrieges, kannibalischer Gebräuche oder ritueller Morde?

Am Fuß dieser weltbekannt gewordenen Fundstätte wurden vor einigen Jahren Reste eines römischen Gutshofs freigelegt.

An den von kleinen Äckern und Brachflächen unterbrochenen Heidehügeln wurden in jüngster Zeit über 170 Pflanzenarten nachgewiesen, darunter erstrangige Kostbarkeiten wie das selten gewordene Kleine Knabenkraut, das wegen seiner gestreiften Blütenhüllblätter auch als »Narrenkappe« bekannt ist. Ein etwas verwilderter Brachacker zeigt neben vielen fast schon verschwundenen Ackerwildkräutern auch den Gelben Günsel und – fast einmalig für unser Land – das tief dunkel blühende Mönchskraut aus der Familie der Rauhblattgewächse. Daneben erhebt sich die verwandte Hundszunge über die niedrigeren Kräuter. Und auf dünner Humusschicht versteckt sich die eigenartige Mondraute. Sie zählt als Natterfarngewächs zu den »ältesten« Pflanzen; aus Versteinerungen weiß man, daß sie sich in Jahrmillionen nicht verändert hat.

Das seltene Mönchskraut auf einem Wildacker im südwestlichen Ries.

Der meterhoch wachsende Diptam stammt ursprünglich aus den östlichen Steppenwäldern.

Der Nordische Streifenfarn hat im Ries einen insularen Standort zwischen Schwarzwald, Böhmerwald und den Zentralalpen.

Über ein paar Exemplaren der Wilden Möhre gaukelt der prächtige Schwalbenschwanz als stattlicher Tagfalter. Zwischen beachtlichen Felsbasteien schlingt sich ein hübsches Kürbisgewächs empor, die Zweihäusige Zaunrübe. Ein geübtes Auge erkennt die seltene Spatzenzunge, ein altes Ackerwildkraut oder die Behaarte Gänsekresse. Als Besonderheit gilt neben dem Österreichischen der Niederliegende Ehrenpreis. Der Nordische Streifenfarn ist eine große Rarität dieser Region, den wir vom Schwarzwald, dem Bayerischen Wald und den Zentralalpen als Freund silikathaltiger Felsen kennen.

Als eindrucksvoller Klotz erhebt sich im Westen der Riesebene der Goldberg. Seine steilen Felswände umrunden fast die ganze Berginsel. Sie leuchten gelb-bräunlich, da die auf den Riessee zurückgehenden Süßwasserkalke Eisenhydroxide enthalten. Unzählige Versteinerungen spiegeln das vielfältige Tierleben des einstigen Sees wider.

Ähnlich wie der Riegelberg mit den Ofnethöhlen ist auch der Goldberg für die Erforschung der Vorgeschichte von großer Bedeutung. Fünf Siedlungsperioden sind hier nachzuweisen. Sie umfassen die Rössener Kultur, die Michelsberger Kultur

Die Berghexe ist hierzulande eine sehr seltene Falterart.

sowie die letzte Epoche der Jungsteinzeit (3000–2500 v. Chr.). Für eine erneute, intensive Besiedlung finden sich Zeugnisse aus der Hallstattzeit (500 v. Chr.) sowie aus der frühen Latènezeit (ca. 400 v. Chr.) Der Goldberg ist inzwischen Grabungsschutzgebiet.

Eine typische Heideflora hat sich hier entwickelt mit Skabiose und Odermennig, Wolfsmilcharten, Sonnenröschen und Malven. Das Nickende Leimkraut ist ein Vertreter der Nelkengewächse; es wird auch als »Frauarösle« bezeichnet. Nachtfalter besuchen die erst am Abend duftenden Blüten. Auf den Blättern der Zypressenwolfsmilch zeigt sich die eindrucksvolle Raupe des Wolfmilchschwärmers. Als botanische Besonderheiten sind am Fuß des Berges der Elsässische Haarstrang zu nennen, am Ackerrand der Venuskamm, auf der Hochfläche der purpurfarbene Schafgarbenwürger. Die Würgerarten brauchen kein Blattgrün, da sie sich als Parasiten die fertig verdaute Nahrung von ihren Wirtspflanzen besorgen.

An den Hängen finden sich die stattliche Eselsdistel, der Igelsame und das Brandknabenkraut. Die noch nicht ganz geöffneten Blüten dieser Orchidee erwecken den Eindruck, als seien sie von einer Flamme versengt worden. Dem Entomologen ist der Goldberg als das wohl letzte Vorkommen der Mörtelbiene in Deutschland bekannt.

So ist das »Land aus dem All« sowohl aufgrund seiner Entstehungsgeschichte als auch seiner historischen Zeugnisse und naturkundlichen Schätze wegen eine in Europa einzigartige Landschaft.

Der Goldberg am Westrand des Rieses zählt zu den wichtigsten Fundgebieten für die Erforschung der Jungsteinzeit.

Odenwald
Hohenlohe
Tauber

Das Felsenmeer

Am Königstuhl bei Heidelberg

Hoch aufgetürmte Buntsandsteinblöcke im Felsenmeer.

Vom Wanderparkplatz auf dem Königstuhl hoch über Heidelberg gehen wir wenige hundert Meter östlich des Sendeturms auf einem schmalen Fußpfad den Nordhang des Berges hinunter in Richtung Neckartal. In stattliche Felsblöcke gemeißelte Wegweiser führen uns zum Naturschutzgebiet »Felsenmeer« oberhalb von Schlierbach.

Farne begleiten unseren Weg: Frauenfarn und Dornfarn; vereinzelt auch mächtige Stöcke des Wurmfarns. Der Waldhang wird belebt durch imposante Blöcke aus Buntsandstein mit bemoosten Köpfen und Flanken. Buchen und einzelne Fichten bestimmen das Bild, das später durch Ahorn, Eichen, Linden und Edelkastanien bereichert

1

2

3

Typische Pflanzen des Bergwaldes: der Tüpfelfarn (1), die am Wegrand bühende Rote Lichtnelke (2) und der feine Frauenfarn (3).

wird. Das Gebiet hat den Charakter eines Bannwaldes und ein fast urwaldähnliches Aussehen.
Am Wegsaum finden wir Heidelbeere und Sauerklee, Kennzeichen kalkarmer, saurer Böden. Nun haben wir das eigentliche »Felsenmeer« erreicht. Hier türmen sich stattliche Blöcke aus Buntsandstein. Einige scheinen geradezu mauerartig aufgeschichtet, als hätten Zyklopenarme sie aufeinander getürmt.
Der südliche Odenwald zeichnet sich durch mehrere solcher Blockhalden aus. Das »Felsenmeer« liegt mit einer Breite von fast 300 Metern in einer zum Tal weisenden Mulde. In einem flacheren Hangabschnitt bildet es eine auffällige Erhebung mit über 15 Meter Höhe.
Seine Entstehung verdankt das »Felsenmeer« den Eiszeiten, die vor über einer Million Jahren begonnen haben und vor etwa 10 000 Jahren ihr (möglicherweise nur vorläufiges) Ende fanden. Der ständige Wechsel zwischen dem nächtlichen Frost und etwas höheren Temperaturen am Tag ließ damals die Schichten des Buntsandsteins in einzelne Blöcke zerbrechen. Im Sommer konnte der Untergrund oberflächlich auftauen. Dadurch entstand am Boden eine Schlammschicht, die bergabwärts floß. Mit ihr zusammen glitten auch Gesteinsblöcke hinunter, die sich dann in den flacheren Hangteilen stauten. Diesen Vorgang nennt der Fachmann »Bodenfließen«.
Im Laufe der Jahrtausende entwickelte sich auf und zwischen den Blöcken eine eigene Pflanzenwelt. Sie hatte eine stabilisierende Wirkung und verhinderte, daß die Steine weiter abrutschten. Da eine forstliche Nutzung unterblieb, entstand ein urwaldähnlicher Bergwald im »Felsenmeer«. Zu den drei »Allerweltsfarnen« gesellen sich hier der Bergfarn und der Adlerfarn. Auch Blütenpflanzen fallen ins Auge wie der leuchtend gelbe Besenginster, der Dost, der Hasenlattich und der Rote Fingerhut. Dazu kommen das Schmalblättrige Weidenröschen und, aus der gleichen Familie, das Berg-Weidenröschen. Dazwischen finden wir das Springkraut und die Besenrauke. Über die Felsen lappt da und dort der Gewöhnliche Tüpfelfarn.
Ein bequemer Weg führt uns hoch über dem Tal westwärts. Schöne Ausblicke ins Tal und zur Rheinebene lohnen den langen Marsch bis hoch über die Stadt Heidelberg. Ein »Rindenhäuschen« ist unterwegs zu bewundern und große, völlig vom Efeu überwucherte Bäume. Frisch gefälltes Holz verströmt seinen typischen Duft. Kein Autolärm dringt herauf in den Bergwald. Unter uns liegt das Heidelberger Schloß.
Schließlich sind wir an der Station »Molkenkur« angelangt, von wo uns die nostalgische Bergbahn zurück zum Königstuhl bringt.

Blühender Besenginster hoch über dem Neckartal.

»Durch diese hohle Gasse...«

Hohlwege im Kraichgau

Den Kraichgau kennen Fremde oft nur vom Durchfahren auf der Autobahn Heilbronn–Mannheim. Diejenigen, die sich westlich von der Ausfahrt Bad Rappenau der Stadt Sinsheim mit ihren an der Autobahn entlangziehenden Gewerbegebieten nähern und durch die flachwellige Landschaft in Richtung Walldorf weiterfahren, sind vielleicht versucht, den Kraichgau als eine etwas eintönige, vorwiegend landwirtschaftlich geprägte, etwas ausdruckslose Gegend anzusehen. Dies ist jedoch weit gefehlt, auch wenn man hier keine tiefeingeschnittenen Täler und hochaufragenden Berge erwarten darf.

Die Senke des Kraichgaus zwischen Nordschwarzwald im Süden und Odenwald im Norden liegt nicht nur in bezug auf die Meereshöhe relativ tief, sondern ist auch geologisch gesehen eine Einsenkung: Muschelkalk und Keuper, die den tieferen Untergrund bilden, liegen im Osten, Norden und Süden wesentlich höher, so daß man von einer Art schüsselförmiger Eintiefung sprechen kann. Gegen Westen sinken die Schichten weiter ein; der Tiefpunkt liegt bei Langenbrücken (nördlich von Bruchsal) am Rand des Oberrhein-Grabenbruchs, wo sogar noch ein Rest Weißer Jura erhalten ist, der auf der Südwestalb 900 Meter höher liegt. Die

Wie eine übergroße Ackerfurche zieht sich die Rennweghohle durch die Halbtrockenrasen.

Schichten bei Langenbrücken und auf den höchsten Albgipfeln sind aber auf demselben Meeresboden gebildet worden – ein Beweis dafür, daß unser Land insbesondere von ungeheueren endogenen Kräften und erst in zweiter Linie durch fließendes Wasser geformt worden ist.
Unsere Wanderung führt in den westlichen Teil des Kraichgaus, in die Gegend nordöstlich von Bruchsal. Von dem oben genannten tieferen Untergrund, Muschelkalk und Keuper, ist nichts zu sehen. Löß bestimmt hier die Oberflächenformen. Er ist hellbraun mit einem Stich ins Gelb. Man findet ihn überall, auf den Äckern, an Straßenböschungen und in Hohlwegen.
Löß ist ein sehr junges »Gestein«. Erst in der Eiszeit kam es durch den Westwind hierher. In den Kaltzeiten der Eiszeiten war die Landschaft nahezu vegetationsfrei; aus den weiten Schotterfluren der Oberrheinebene wurde das feine Material ausgeblasen und nach Osten getragen – das ganz feine Material bis zu 100 Kilometer weit, das gröbere nur bis in den Kraichgau. Vor allem im Windschatten, also an nach Osten geneigten Hängen, blieb der Löß liegen und bildete im Lauf der Zeit mächtige Auflagen. Lößablagerungen haben in Baden-Württemberg eine weite Verbreitung; die mächtigsten und geschlossensten Decken finden sich außer am Kaiserstuhl im Kraichgau. Durch die Senke des Kraichgaus wurde Feinlöß bis ins Heilbronner Becken und auf die Löwensteiner Berge verfrachtet.
Der reine Löß wurde in den Kaltzeiten der Eiszeiten gebildet. Er ist kalkhaltig und porös, so daß Regen rasch versinkt und nur bei extremem Starkregen zu Erosionsrinnen führt. Deshalb gibt es in Lößlandschaften an Hohlwegen oder in Weinbergen nahezu senkrechte Lößwände, die ohne Schäden über Jahrzehnte stehenbleiben. Beispiele dafür mit 20 Meter hohen Hohlwegböschungen gibt es im Kaiserstuhl; im Kraichgau findet man immerhin bis zu 12 Meter hohe Wände. Entstanden sind die Hohlwege hier wie dort durch Auswaschung. Der Löß verliert durch mechanische Beanspruchung, zum Beispiel durch Pferdehufe, Ochsenklauen oder eisenbeschlagene Räder, seine kapillare Porösität und wird dann in der Wegsohle leicht ein Opfer des Regens.
Die Mächtigkeit der Lößüberdeckung des Kraichgaus schwankt erheblich. In windabgewandten Hanglagen können es bis zu 30 Meter sein, an Westhängen dagegen ist es weit weniger. Hier kommt mitunter sogar die alte, vor der Lößüberdeckung vorhandene Oberfläche zum Vorschein, zum Beispiel in Kraichtal-Gochsheim.
Zwei kleinere Wanderungen, die sich ohne weiteres zu einer Tageswanderung verbinden lassen, seien empfohlen, um die Lößlandschaft des westlichen Kraichgaus näher kennenzulernen. Zunächst ein Spaziergang durch den wohl eindrucksvollsten Hohlweg der gesamten Kraichgaulandschaft. Ausgangspunkt ist Oberöwisheim, ein Ortsteil der Stadt Kraichtal. Der Wanderer, der mit der Bahn anreist, muß zunächst auf der (allerdings nicht stark befahrenen) Hauptstraße zwei Kilometer gehen. Kurz nach dem Ortsrand erreicht man das Naturschutzgebiet; auf der rechten Seite öffnet sich eine von Wiesen und Baumgruppen geprägte Talaue. Hier sollte in den 80er Jahren ein Golfplatz mit einer großen Ferienhausanlage entstehen, doch haben sich die Pläne zerschlagen. Heute gehört das Gelände dem Land Baden-Württemberg und wird mit Schafen beweidet – ein klei-

Auch bei großer Hitze ist es im Hohlweg schattig kühl. Diese Temperaturunterschiede führen zu einer eigenartigen Tier- und Pflanzenwelt.

Trockenrasenpflanzen an einer Lößwand.

Asphaltierter Hohlweg bei Zeutern: an den Steilwänden Trockenpflanzen, unter anderem die Karthäusernelke.

Das Helmknabenkraut gedeiht in den Halbtrockenrasen rechts und links der Rennweghohle.

nes Paradies für Pflanzen und Tiere. Der Hauptstraße folgend, gelangt man in eine scharfe Rechtskurve, die gleich darauf in eine ebenso scharfe und unübersichtliche Linkskurve übergeht. Genau hier zweigt links – im Sommer wegen Brennesseln manchmal nur sehr schlecht zu sehen – ein Feldweg ab, der sofort in die Böschung und ins Gehölz führt.

Unvermittelt fühlt man sich in einer anderen Welt: Überschattet von haushohen, sich wölbenden Bäumen führt die »Galgenberghohle« mit über zehn Meter hohen Lößwänden durch ein Robiniengehölz bergauf. Nach einigen hundert Metern geht der Weg in die freie Feldflur hinaus und verflacht. Kurz darauf tieft er sich in einem zweiten Anstieg nochmals zum romantischen Hohlweg ein.

Dieser Weg führt auch zu unserem nächsten Ziel, dem zur Gemeinde Ubstadt-Weiher gehörenden Ort Zeutern. Über die Höhe und durch den Wald abwärts führt ein asphaltierter Fahrweg.

In Zeutern jenseits des Katzbaches führt unsere zweite Wanderung die asphaltierte Hohberghohle hinaus, deren schräge, von Gebüsch bewachsene Böschungen trotz ähnlicher Tiefe bei weitem nicht den romantischen Charakter der Galgenberghohle haben. Oben angekommen, hat man einen weiten Blick über die von Weinbergen, Feldern und Wiesentälern geprägte flachwellige Landschaft und sieht bereits das nächste Ziel vor sich: das in einer Birkengruppe stehende »Rote Kreuz«. Zweihundert Meter auf dem rechten Asphaltweg weiter kündigt ein Schild das Naturschutzgebiet »Rennweghohle« an. Der Lößhohlweg zweigt nun vom Asphaltweg ab und führt bergab ins Speitelsbachtal. Wiederum senkrechte Lößwände, diesmal aber »nur« bis zu fünf Meter hoch, charakterisieren diesen Hohlweg, der durch offenes Gelände führt.

Niemand ahnt mehr, daß dieser Weg noch vor einigen Jahren ganz anders aussah: 1993 wurde hier eine bis zu vier Meter mächtige Müllschicht entfernt und auf die Deponie gefahren. Der von der Naturschutzverwaltung wiederhergerichtete Weg ist heute eine Idylle.

Im Sommer bewohnen unzählige Insekten in Löchern die besonnten Lößwände. Eine Pflanzenwelt, die fast Mittelmeercharakter hat, gedeiht auf schmalen Säumen am Ackerland. Wer im Mai hier ist, wird auf den Trockenrasen rechts und links des Weges unzählige Große Waldanemonen, Helmorchideen und andere Besonderheiten der Pflanzenwelt wie den Kreuzenzian und den an extrem trockene Standorte angepaßten Feldbeifuß finden. All diese Pflanzen kann der Besucher bequem vom Hohlweg aus sehen, denn auch hier ist – wie in anderen Naturschutzgebieten – das Verlassen der Wege verboten.

Auf dem höchsten Vulkan des Landes

Der Katzenbuckel im Odenwald

»Winterhauch« heißt der südöstliche Teil des Odenwaldes rund um dessen höchsten Berg, den Katzenbuckel. Wer die Gegend näher kennt, weiß warum: Zu Winterbeginn liegt hier der erste Schnee weit und breit, im Frühjahr bleibt er länger liegen als anderswo, und die Apfelbäume blühen drei Wochen später als an der Bergstraße. Selbst im Sommerhalbjahr ist es hier deutlich kühler als in der weiteren Umgebung. Grund für diese klimatische Besonderheit ist die herausgehobene Lage dieses Teiles des Odenwaldes, die den kontinentalen Klimaeinfluß verstärkt.

Der Katzenbuckel von Osten. Im Vordergrund ein früherer Steinbruch.

Der Aussichtsturm auf dem Katzenbuckel. Eine Besteigung lohnt sich.

Obstbäume säumen den Weg von Waldkatzenbach auf den Katzenbuckel.

Der Name Katzenbuckel, der auf den Volksstamm der Chatten zurückgeführt wird, prägt sich ein, wenn man den Berg aus größerer Entfernung sieht: Über den weiten, nahezu eben erscheinenden Wäldern des Odenwaldes ragt eine Erhebung auf, die tatsächlich an eine sich buckelnde Katze erinnert. Man sieht den 626 Meter hohen Katzenbuckel von weither: aus südlicher Richtung vom Heuchelberg, bei klarem Wetter sogar vom Stuttgarter Fernsehturm aus, von Osten aus der Hohenloher Ebene und von Westen von den Pfälzer Waldhöhen aus.

Die der Buntsandsteinlandschaft aufgesetzte Bergkuppe ist ein vulkanischer Härtling, der Rest eines vor etwa 66 Millionen Jahren aktiven Vulkans, sozusagen eine »Vulkanruine«. Das im Schlot erstarrte Auswurfmaterial ist wesentlich härter als die umgebenden Gesteine, und so konnte die Schlotfüllung mit einem Durchmesser von etwa tausend Metern die Jahrmillionen überdauern, während die Umgebung durch die Seitenbäche des Neckars abgetragen wurde. Als Einschlüsse im Basalt des Schlots finden sich einst in die Röhre zurückgefallene Gesteinsreste, die darauf schließen lassen, daß zur Zeit des Ausbruchs noch etwa 700 Meter Gebirge über der heutigen Landschaft lagen. Über der heutigen Buntsandsteinoberfläche gab es also noch Muschelkalk, Keuper und sogar Jura.

Vom Ort Waldkatzenbach aus kann man eine schöne Wanderung zum Aussichtsturm auf dem Gipfel unternehmen. Waldbrunn und seine verschiedenen Ortsteile liegen an der Landesstraße von Eberbach nach Mudau, der Ortsteil Waldkatzenbach breitet sich direkt am Fuße des Katzenbuckels aus. Vom westlichen Ortsrand führt ein asphaltierter Weg durch Wiesen und Obstbaumwiesen bergan, am Waldrand befindet sich eine Ausflugsgaststätte. Zunächst sollte man den bergaufwärts führenden, steilen Weg beibehalten, er führt geradewegs zum Gipfel, den man vom Ort aus in einer starken halben Stunde erreichen kann.

Wer die enge Wendeltreppe des Aussichtsturms erklommen hat und sich oben den Wind um die Nase wehen läßt, wird mit einer herrlichen Fernsicht belohnt.

Waldbrunn liegt dem Betrachter im Südosten zu Füßen, den nördlichen Halbkreis nehmen die Waldhöhen des Odenwaldes ein, vom Ittertal und seinen Seitenbächen zerfurcht. Den Horizont bilden die Wälder des Taunus im Norden und des Spessarts im Nordosten. An klaren Tagen reicht der Blick nach Osten bis weit in die Felderlandschaft des Baulandes. Den Blick nach Süden begrenzen die Höhen des Strom- und Heuchelberges, und mitunter, an ganz klaren Tagen, kann man den Stuttgarter Fernsehturm und die »blaue Mauer« der Schwäbischen Alb sowie die höchsten Höhen des Schwarzwaldes erahnen.

Wieder unten am Turmfuß angekommen, sollte man den Weg über das kleine Bergplateau nach Westen wählen. Kaum 100 Meter vom Turm entfernt finden sich große Felsklötze aus grauschwarzem Nephelinit. Es handelt sich dabei um das Hauptgestein der Schlotfüllung.

Auf mehreren Waldwegen und Pfaden kann man auf der Südwestseite den Berghang hinab zum Waldsaum gelangen. Ein Fahrweg führt leicht abwärts und – vorbei an der Freya-Hütte und dem Freya-Brunnen – im Bogen auf der Nordseite des Berges zur Skisprungschanze am Osthang.

Nur ca. 100 Meter weiter gelangt man auf einen großen Parkplatz; von dort sollte man unbedingt rechter Hand den etwas versteckt liegenden Zugang zu einem alten Steinbruch wählen. Nach wenigen Schritten steht man vor einem großen, stillen See, umgeben von den alten Steinbruch-

wänden. Es handelt sich nicht etwa, wie schon mancher Besucher meinte, um den früheren Krater des Vulkans, sondern um einen aufgegebenen Steinbruch im Bereich der Schlotfüllung.
An der hohen Wand auf der anderen Seeseite steht das Gestein an, das den größten Teil der Schlotfüllung einnimmt: Sanidinnephelinit ist der Fachausdruck dafür. Man erkennt auch aus der Ferne, daß es sich nicht um eine einheitliche Masse handelt, einzelne Strömungsrichtungen des einst glutflüssigen Gesteins lassen sich erahnen.
An der rechts vom Betrachter liegenden, wesentlich niedrigeren Wand steht ein anderes Gestein an, der Natronshonkinit. Bei diesem von gut sichtbaren, hellen Nephelinkristallen geprägten Gestein handelt es sich um ein nachträglich in die heiße Schlotfüllung eingedrungenes Schmelzmaterial. Zahlreiche Ganggesteine – Gesteine, die sich aus mineralhaltigen Stoffen in Klüften bilden – tragen unter Fachleuten zur mineralogischen Berühmtheit des Katzenbuckels bei. Seit Jahrzehnten liegt der Steinbruch, in dem einst vor allem Straßenschotter gewonnen wurde, still und wird von der Natur »zurückerobert«: Farne und dicke Moospolster wachsen auf den Felsabsätzen, und zunehmend kommen Birken, Robinien und Weidenbüsche auf.
Auf dem Rückweg zum Parkplatz sollte man noch einen Blick auf die von der Naturparkverwaltung aufgestellte Erläuterungstafel werfen, die einen Querschnitt durch den Berg zeigt und dessen Entstehungsgeschichte veranschaulicht.
Etwa zwei Stunden Zeit sollte für diese Wanderung rund um den Gipfel des Katzenbuckels eingeplant werden. Die Wege sind gut begehbar, stabiles Schuhwerk ist dennoch empfehlenswert. Man kann die Wanderung ausdehnen auf Waldwege, die den Berg eine Stufe tiefer als die oben geschilderten Wege umrunden; der beste Ausgangspunkt hierfür ist ebenfalls Waldkatzenbach.

Auf der Ostseite des Berges liegt idyllisch der Steinbruchsee. Seine Entstehungsgeschichte macht ihn zu einem wichtigen Forschungsgebiet.

Schluchten im Muschelkalk

Entlang der Jagst

Unberührte Natur entlang der Jagst bei Mistlau.

Die Pfirsichblättrige Glockenblume gedeiht am warmen Südhang.

Unterhalb des Jura der Schwäbischen Alb befinden sich die Schichten des Keupers, auf denen der Schwäbisch-Fränkische Wald liegt. Darunter liegt Muschelkalk; die typische Muschelkalklandschaft ist das Gäu. Weiter nach Norden vorgeschoben folgt die Hohenloher Ebene.
Die junge Jagst durchströmt das Keupergebiet der Ellwanger Berge. Unmittelbar hinter Crailsheim beginnt sie, sich durch den oberen Muschelkalk ihren Weg zu bahnen. Da diese Gesteinsschichten sehr hart sind, gelingt es dem Wasser nur, eine schmale Schlucht einzutiefen. In Anlehnung an den »Schwäbischen Canyon« des Oberen Donautals ist man versucht, hier vom »Hohenloher Canyon« zu sprechen. Zumal sich dieser von der Hohenloher Ebene her kaum zu erkennen gibt. Man muß sich schon an die jäh und steil abfallende, oft felsgespickte Talkante begeben, um zu sehen, daß das fruchtbare Hohenloher Bauernland plötzlich durchschnitten wird. Zahlreiche Nebenschluchten und -klingen bilden einen weit in die Ebene hineinreichenden Fächer von Einkerbungen.
Hier durchfließt die Jagst ihre engste und kaum besiedelte Talstrecke. Weite Teile des vielfach gewundenen Tals haben keinen Fahrweg, oft kaum einen Fußpfad. Erst zwischen Kirchberg an der Jagst und Langenburg ist das Tal durchgehend befahrbar.
Nach einigen Verbauungen und mächtigen Steinbrüchen nimmt uns das unberührte Tal unterhalb von Crailsheim auf. Mit dem Eintritt in den oberen Muschelkalk bildet der Fluß viele Talmäander. Ihre Schlingen zwingen das Wasser zu weiten Umwegen, die oft das Vier- bis Fünffache der Luftlinie betragen. Durch die zahlreichen Krümmungen räumt und wäscht der Fluß den Talhang aus; es entsteht ein steiler Prallhang, der »Kleb«. Ihm gegenüber liegt der flache Gleithang, an dem sich Ablagerungen bilden. Hier findet sich zwischen

Crailsheim und Dörzbach ein Stück unberührte Natur.
Laubhölzer wie Buchen, Bergulmen, Bergahorn, Esche, Hainbuche und Sommerlinde prägen das Bild. Der Gelappte Schildfarn ist hier ebenso daheim wie Seidelbast, Stinkende Nieswurz, Lungenkraut und Aronstab. Zu dieser Gesellschaft gehört auch die merkwürdige Schuppenwurz. Der Name dieses Rachenblütlers kommt vom schuppigen Stengel. Er liebt die luftfeuchten Laubwälder und tritt oft auch mit dem Bärlauch zusammen auf. Die Schuppenwurz zeigt kein grünes Blatt, da das Chlorophyll völlig fehlt. Sie ernährt sich als Schmarotzer. Ihre Saugwurzeln zapfen vor allem Buchen, Erlen und Haselsträucher an. Der Wurzelstock ist daher auch recht beachtlich und kann mehrere Kilogramm wiegen.
Oft aspektbestimmend zeigt sich im Kleb der Hohle Lerchensporn. Die Blütentrauben bilden im März und April eine reiche Farbpalette von reinem Weiß über Violett und Blau bis zu trübem Rot. Die kugeligen Wurzelknollen sind hohl und sehen aus wie angefressen, das etwas blaugrüne Blatt dagegen ist recht anmutig.
Dieselben Lebensbedingungen bevorzugt auch der hübsche Wald-Goldstern aus der Familie der Liliengewächse. Dazu kommen die Haselwurz, die Warzen-Wolfsmilch, die Hohe Schlüsselblume, das Schöllkraut und die Knoblauchsrauke, die Echte Nelkenwurz und das glänzende Scharbockskraut, das nach der Form seiner Wurzelknollen auch »Feigwurz« heißt. Das Scharbockskraut ist reich an Vitamin C und half einst gegen Vitaminmangel (Scharbock = Skorbut). Neben Türkenbund, Frühlingsplatterbse, Bingelkraut und Goldnessel sieht man immer wieder den Vielblütigen Salomonssiegel.
An sonnenbeschienenen Hängen treffen wir auf den Kicher-Tragant in Gesellschaft mit dem Durchwachsenen Hellerkraut, der Dornigen Hauheckel, dem Großen Ehrenpreis, der Nickenden Distel und der Stengellosen Kratzdistel. Stattlich zeigt sich die aufrecht wachsende Dürrwurz, ein Korbblütler, dessen Name sich leicht erklärt. Zur gleichen Familie zählt auch die Ebensträußige Wucherblume mit ihren margeritenähnlichen Blüten. Und an Baum und Busch klettert die Waldrebe empor.
Von besonderem Reiz sind im Jagsttal die hoch aufragenden Felsbildungen wie der Baierlesstein oder der Bärenstein, der sicher zu den schönsten Stellen im Jagsttal zählt. Im lichten Steppenheidewald finden wir die Schwalbenwurz, den Kamm-Wachtelweizen, den Süßblättrigen Tragant, den borstigen Natterkopf und die prächtige Akelei. Letztere wächst nicht mehr sehr häufig und ist stark gefährdet. Die langgestielten Blüten zeigen weit herausragende gelbe Staubblätter. Mit ihren breitflächigen und doppelt gefiederten Blättern und den blauen oder weißlichen Blüten fällt die hoch wachsende Pflanze schon von weitem auf. Prächtig sind auch die Teppiche mit Purpurblauen Steinsamen vor dem Waldrand und zwischen Buschgruppen. Seine nichtblühenden Triebe kriechen am Boden, während die Blütenstengel sich emporheben.
An einem heißen Sommertag durchwandern wir unterhalb der alten Hammerschmiede das tief eingeschnittene Gronachtal. Man glaubt sich hier fast in eine Waldschlucht auf der Alb versetzt. Die flinke Wasseramsel huscht fast lautlos über den recht ungebärdigen Bach. Am feuchten, felsigen Hang hängen die langen Blätter der Hirschzunge.
Auch an der Gronach, die in die Jagst mündet, findet man sehenswerte Gewächse. An ruhigen Wasserstellen blüht leuchtend gelb die Teichrose, daneben das Pfeilkraut. Am Ufer gedeiht der fremdartige Kalmus, eine alte Heilpflanze aus Südasien. Dazu treten der dunkelviolette Blutweiderich, der Froschlöffel, die Gelbe Schwertlilie, der Sumpfstorchschnabel und die Kuckuckslichtnelke. Die Orchideenflora ist hier dürftig, auch wenn wir das Große Zweiblatt, die Nestwurz und die Berg-Kuckucksblume entdecken. Eine seltene Kostbarkeit ist das rote Waldvögelein. Hier endet unser Besuch einer fast vergessenen Landschaft unseres Landes, einem Kleinod der Hohenloher Ebene.

Die eigenartige Schuppenwurz lebt als Schmarotzer; sie holt sich ihre Nahrung von anderen Pflanzen.

Das Scharbockskraut war einst ein wichtiger Vitaminlieferant.

Weinberge und Trockenhänge im »Madonnenländchen«

Das Taubertal

Malerischer Taubergrund.

Das Tal der Tauber zieht sich als nördlichstes Flußgebiet Baden-Württembergs, vergleichbar mit den Tälern von Kocher und Jagst, durch das Hohenloher Muschelkalkland. Nach einem kleinen Stück durch ein enges Waldtal mündet der Fluß bei Wertheim in den Main.

Hier bewegen wir uns am Rande des mainfränkischen Trockengebiets zwischen fruchtbaren, weinbestandenen Hügeln, deren Köpfe meist mit Laubwald bedeckt sind. Zahlreiche Touristen besuchen die Kunst- und Kulturschätze der Region. Rothenburg ob der Tauber, Creglingen, Weikersheim, Bad Mergentheim und Tauberbischofsheim sind für den Geschichtsinteressierten und den Kunstfreund attraktive Ausflugsziele. Das »Madonnenländchen« lockt, und zuweilen ist das liebliche Taubertal erheblichen Belastungen durch den Verkehr ausgesetzt.

Oft kann man aber nur wenige hundert Meter von der Straße entfernt in alten Weinbergen Ruhe und Erholung finden. Viele dieser Weingärten liegen heute brach. Sie sind durch zahllose Steinriegel charakterisiert, die aus Lesesteinen bestehen und einst senkrecht zum Tal aufgeschichtet wurden. Als Wärmespeicher und Windschutz bieten sie, zusammen mit viel Buschwerk, ideale Lebens-

1

2

3

bedingungen für die Vogelwelt ebenso wie für Igel, Eidechsen und anderes Kleingetier.
Auch Wacholder, Schnellball, Mehlbeere und Elsbeere haben sich hier eine Heimstatt gesichert. Viele dieser oft sehr trockenen Hänge stehen unter Naturschutz.
Die Bereiche der Trocken- und Halbtrockenrasen liegen meist in den Hanggebieten. Zwischen den verschiedenen Büschen gedeihen das Blaugras, der Aufrechte Ziest, der Große Ehrenpreis, der Echte Beifuß, das Blaugrüne Labkraut, die Dürrwurz, der Blaue Lattich mit seinen Korbblüten, der seltene Elsässer Haarstrang und viele andere. Da und dort stehen auffällige Orchideen, und solche, für die ein geübteres Auge nötig ist, wie das Große Zweiblatt. Unübersehbar sind jedoch das Helmknabenkraut, das stattliche Purpurknabenkraut – die übrigens fast groteske Bastarde miteinander ausbilden – sowie die Bienen- und die Fliegenragwurz.
Die Sonnenröschen sind Legion, und mit ihrem Gelb wetteifert die Berg-Kronwicke. Auch das Nickende Leimkraut, Hufeisen- und Hornklee finden wir hier. Neben dem ansehnlichen Österreichischen Lein wirkt der Purgierlein klein und fadendünn. Mit etwas Glück läßt sich auch der Schmalblättrige Lein entdecken.
Im Sommer erblüht die Goldaster am trockenen Hang, daneben die Stengellose Distel und das Sichelblättrige Hasenohr. Vorbei am Färberginster gelangen wir zur oberen Hangkante und zum Wald. An seinem Saum gedeiht der Rauhe Alant, wiederum ein sehenswerter Korbblütler. In seiner Gesellschaft stehen Akeleien mit ihren eigenartig geformten Blüten.
Vereinzelt wächst hier auch das Turmkraut, ein Kreuzblütler, der sich gerne eine Böschung mit offenem Boden aussucht und bis zu einem Meter hoch werden kann. Über dem Berg-Leinblatt mit seinen kleinen weißen Blüten schwingen sich die

4

Blätter des Breitblättrigen Laserkrauts, das uns von der Schwäbischen Alb her bekannt ist. Der Große Gelbe Fingerhut zählt ebenso zu dieser Pflanzengesellschaft wie der Echte Salomonssiegel und, dicht am Waldrand, der Blaurote Steinsame, der Blutrote Storchschnabel und die Hirschwurz, die zu den Doldengewächsen gehört.
Wie am buschigen Trockenhang gedeihen auch im Laubwald zwischen Eichen und Hainbuchen die Mehl- und die Elsbeere. Es herrscht abwechslungsreiche Vielfalt. Und schließlich wächst hier noch der Diptam, der hier prächtige Standorte hat. Sowie die Sonne scheint, sendet diese Pflanze ihren unverwechselbaren Zitronenduft aus. Es ist ein überwältigendes Erlebnis, eine so große Zahl dieser Pflanzen anzutreffen.
Das Taubertal mit seinem besonderen naturkundlichen Reiz und seinen kulturhistorischen Sehenswürdigkeiten lohnt einen Besuch – gerade auch abseits der touristischen »Rennstrecken«.

Der trockenen Rasen bevorzugende Blaue Lattich (1), das stattliche Purpurknabenkraut (2), der Große Gelbe Fingerhut (3) und der in großen Mengen hier wachsende Blaurote Steinsame (4) sind typisch für die Pflanzenwelt dieser Gegend.

Den Hirschkäfer findet man auch hier nur noch selten.

Neckarland

Weinberge, Wald und Wiesen

Stromberg und Michaelsberg

Der Michaelsberg ist ein östlicher Vorposten des Strombergs. Seit 793 wachsen an seinen Hängen Reben.

Der Name täuscht und auch der erste Eindruck, wenn wir uns von Süden, von den schwach welligen Gäuflächen her dem Stromberg nähern. Vor uns breitet sich ein langgezogener, bewaldeter Höhenrücken aus, dessen Hänge Reben tragen und die talwärts in Wiesen und Felder auslaufen. Weinberg, Wald, Wiese – welch ein majestätischer Dreiklang! Zu jeder Jahreszeit wird diese Gegend für den Besucher zum unvergeßlichen Erlebnis.

Am Südrand der ausgedehnten Weinberglandschaft liegt das Dorf Hohenhaslach – zweigeteilt, teils im Wiesental des Kirbaches, teils auf einer höher gelegenen Terrasse. Beim Weg hinauf verlassen wir den Muschelkalk, durchqueren den rebentragenden Gipskeuper und stehen schließlich im Oberdorf auf hartem Schilfsandstein. Im westlichen Teil des Strombergs, in der Nähe von Maulbronn, wird der feinkörnige, grünliche oder gelbliche Schilfsandstein noch heute gebrochen und als Baustein verwendet.

Ein Weinbergweg führt von Hohenhaslach weiter aufwärts, dem Waldsaum entgegen. Unterwegs eröffnet ein »geologisches Fenster« einen Einblick in den Schichtaufbau. In einer Mergelgrube sind

Am Nordrand des Strombergs liegt Hohenhaslach. Der höher gelegene Teil des Ortes liegt auf einer Terrasse aus Schilfsandstein.

die rotbraunen und graugrünen Schichten der unteren Bunten Mergel freigelegt. Bei genauerem Hinsehen erkennt man eine Verwerfung. Hier sind die Schichten entlang einer schrägen Linie um etwa einen Meter versetzt. Sie sind im Laufe der Erdgeschichte gegeneinander verschoben worden. In einem weiteren, nur wenig entfernten Aufschluß liegen die Keuperschichten ungestört. Die Mergel nützte man früher, um dem ausgemergelten Weinberg wieder Nährsalze zuzuführen.

Mit dem Wald beginnt der weißliche Stubensandstein. Er bildet weithin die obere Schlußschicht des Stromberges. Deutlich zeigt sich hier die Abhängigkeit der Vegetation und der Landwirtschaft vom geologischen Untergrund. Damit der Wald als attraktives Erholungsgebiet erlebt wird, ist eine abwechslungsreiche Zusammensetzung des Baumbestandes von großer Bedeutung. In dieser Hinsicht gilt der Stromberg als ideal. 64 Prozent der Bäume sind Laubbäume, vor allem Eichen und Buchen. Fichten und Kiefern kommen etwa in der gleichen Häufigkeit vor, hin und wieder begegnet man Lärchen und Douglastannen. Letztere stammen aus Nordamerika und werden seit dem 18. Jahrhundert bei uns gepflanzt. Der raschwüchsige Baum liefert wertvolles Holz. Zerreibt man die Nadeln, entfalten sie einen aromatischen Duft.

In dem weitreichenden Waldgebiet durften früher nur die württembergischen Herzöge und Könige mit ihren Hofgesellschaften der Jagdleidenschaft frönen. Besondere Wildzuchtstätten sorgten für die rasche Vermehrung des jagdbaren Wildes wie Hirsch, Reh und Wildschwein. Im Kirbachtal, bei Hohenhaslach und in Freudental entstanden Jagdschlösser. Die Bauern der Umgebung wurden als Treiber verpflichtet. Verwüstete das Wild ihre Felder, erhielten sie keine Entschädigung. Mit der Revolution 1848/49 endete auch die Zeit der feudalen Jagden im Gebiet des Strombergs.

Sträucher besiedeln aufgelassene Weinberge bei Ochsenbach. Ein neuer Lebensraum entsteht.

Die Große Traubenhyazinthe wächst in Weinbergen.

Der Gemeine Augentrost bevorzugt trockene Wiesen und Heiden.

Am Waldrand überrascht an vielen Stellen eine Pflanzengemeinschaft von außergewöhnlicher Schönheit. Robert Gradmann, der ihr den Namen »Steppenheide« gab, schreibt: »Eine Pflanzengemeinschaft, die durch ihre edle Eigenart, nicht zuletzt durch ihre Schönheit und den Reichtum ihrer Formen und Farben unsere Liebe und Bewunderung verdient.«

Nur einige der augenfälligsten Arten seien genannt: Karthäusernelke, Blutroter Storchschnabel, Ästige Graslilie, Ebensträußige Wucherblume, Großer Ehrenpreis, Gemeines Sonnenröschen und Hirschwurz. Seltene Kostbarkeiten sind das Große Windröschen, die Riemenzunge, eine Knabenkrautart, und der Diptam.

Der Stromberg ist kein zusammenhängendes Bergland. Schmie, Metter und Kirbach mit ihren kleineren Zuflüssen haben von Nordwesten nach Südosten verlaufende Höhenrücken herauspräpariert. Kuppenartig überragt der Baiselsberg mit 477 Metern das Waldgebiet. In den landschaftlich reizvollen Tälern liegen Weindörfer mit schmukken Fachwerkhäusern. An Steilhängen, zum Beispiel bei Ochsenbach, gibt es noch Weinberge, die unberührt blieben von der Flurbereinigung.

Von Hohenhaslach führt ein abwechslungsreicher Wanderweg zum Michaelsberg. Zuletzt geht es auf einem steilen Treppenweg durch Weinberge hinauf zum Gipfel (394 m). Ringsum trägt der Berg Reben. Mit der Rebflurbereinigung im Jahre 1978 endete am Michaelsberg der sogenannte historische Weinbau, der hier urkundlich seit dem 8. Jahrhundert belegt ist. Die berechtigten Wünsche des Naturschutzes bei der Umlegung der Weinberge durchzusetzen war nicht immer leicht. Heute ist der Westteil des Gipfels gesetzlich geschützt. Dort haben Steppenheidepflanzen ein begrenztes Refugium. Auf dem Ostteil befinden sich eine Kirche und die Gebäude einer katholischen Jugendbildungsstätte. In keltisch-römischer Zeit trug der Berg ein Heiligtum. In christlicher Zeit wurde er zum Wallfahrtsort.

Der Michaelsberg ist ein hervorragender Aussichtspunkt. Schauen wir nach Süden, so erkennen wir jenseits des waldbedeckten Strombergs inmitten der Gäulandschaft den Asperg, am Horizont den Glemswald mit der Solitude, den Schurwald mit dem Württemberg und den Anstieg der Schwäbischen Alb. Direkt unterhalb des Michaelsbergs liegt der bekannte Freizeitpark Tripstrill.

Nach Osten schweift der Blick über das Neckar- und Enztal hinüber zur Keuperstufe im Bottwartal. Im Norden liegt unter uns das fruchtbare und rebenreiche Zabergäu mit Güglingen und Pfaffenhofen und der waldreiche Heuchelberg. Zusammen mit dem Stromberg ist er seit 1980 als Naturpark ausgewiesen.

Auf dem Weg von Hohenhaslach zum Michaelsberg ist diese Verwerfung in den Bunten Mergeln zu sehen.

Mühlen, Klingen, Schluchten

Im Schwäbisch-Fränkischen Wald

Das Keuperbergland zieht sich als Teil der Südwestdeutschen Schichtstufenlandschaft vor der Schwäbischen Alb nach Nordosten. Wir gliedern es in folgende Teile: den Welzheimer und den Murrhardter Wald, die Löwensteiner und die Waldenburger Berge und als östliche Fortsetzung die Limpurger Berge sowie den Virngrund bei Ellwangen/Jagst. Das Landschaftsbild ist geprägt von unzähligen kleinen Dörfern und Weilern. Dominierend aber sind die Wälder, die einen wichtigen Erholungsraum bilden. Große Teile des Gebiets sind als »Naturpark« ausgewiesen.
In dieser Schichtstufenlandschaft folgen auf Buntsandsteine und Muschelkalk der Braune und der Weiße Jura. Dort, wo der Schwarze Jura den Keuper noch überlagert, bietet die flache, lehmbedeckte Landschaft gute Voraussetzungen für Ackerbau, weshalb hier der Wald zurückgedrängt ist. Charakteristisch für den Schwäbischen Wald und seine vielbesungene Schönheit sind die tief eingegrabenen Täler, oft kaum zugängliche Waldschluchten und die sogenannten »Klingen« mit Wasserfällen und Höhlen. Hier zeigt sich der Stubensandstein in Gestalt mächtiger Felsen.
An die einstige Waldwirtschaft erinnern Mühlen, Sägewerke und Glashütten, zu denen ein weitverzweigtes Netz von Wanderwegen führt. Neben dem »Mühlenwanderweg« gibt es den »Limeswanderweg«, der dem historisch Interessierten die römische Geschichte des Schwäbischen Waldes erschließt, sowie den Archäologischen Park Welzheim. Wald, Schluchten und Klingen bieten zusammen mit der Pflanzen- und Tierwelt ein nachdrückliches Naturerlebnis.
Neben den teilweise überlaufenen Ausflugszielen wie dem Ebnisee gibt es hier immer noch stille Täler mit blumenreichen Wiesen, saubere, oft von Erlen begleitete Bäche und tannenreiche Waldhänge. Das Tal der Wieslauf – teils sanft, teils wild – gehört ebenso dazu wie kleine Nebentäler, z.B. die Edenbachschlucht oder die Schlucht des Strümpfelbachs. Mehrere Klingen im Oberen Stubensandstein liegen im sogenannten »Höhlensandstein«. Wo die Wieslauf in die tieferen Schichten des Keupers eindringt, wird ihr Tal zur wilden Schlucht.

Die Mordklinge bei Kirchenkirnberg.

Die im 18. Jahrhundert erbaute Menzlesmühle bei Kaisersbach liegt am idyllischen Mühlenwanderweg.

An feuchten Plätzen kann man mitunter den selten gewordenen Laubfrosch entdecken.

Eine Libellenlarve sonnt sich auf dem Blatt des Froschlöffels.

Moose und Farne akzentuieren das Bild der Schluchten und Klingen. Im Laubmischwald wachsen das Nickende Perlgras, das Gewöhnliche Hexenkraut und die Wald-Hainsimse. An den Felsen klebt der Tüpfelfarn. Die hohe Luftfeuchtigkeit der Klingen läßt den Wurmfarn gedeihen. In reizvoller Weise mischen sich hier und dort das weißblühende mit dem gelben Buschwindröschen, begleitet von der Großen Sternmiere. Die Weiße Pestwurz ist eine botanische Kostbarkeit. An Wald- und Buschsaum leuchtet die Goldnessel, und in feuchten Wiesen kann man die Niedrige Schwarzwurzel entdecken. Der Tannenwald überrascht mit dem durchaus nicht häufigen Geißbart und dem lippenblütigen Waldziest.

In den Schluchten sehen wir den stattlichen Waldschwingel, das typische Süßgras des Schwäbischen Waldes. Da und dort läßt sich auch der Tannenbärlapp finden, der Winterschachtelhalm oder der Gelappte Schildfarn. Als Besonderheit wäre noch die Weiße Zahnwurz aus der Verwandtschaft des Wiesenschaumkrauts zu erwähnen.

Quert man in östlicher Richtung das Kochertal und das verträumte Tal der Bühler, erreicht man die »Ellwanger Berge«, die auch als Virngrund bezeichnet werden. Der Name Virngrund ist sehr alt. Alte Urkunden sprechen von »Fergunia«, und Karl der Große nennt das Waldland »Virgunia«.

Die Jagst sammelt das Wasser zahlreicher Bäche. Mit vielen Hügeln und Bergrücken bietet der Virngrund das typische Bild einer Keuperlandschaft, wenn auch spektakuläre Schluchten und Klingen fehlen. Es ist ein Gebiet von stiller Schönheit. Sensationen sind hier nicht zu erwarten.

Wie ein Kranz umgeben die ausgedehnten Wälder die geschichtsträchtige Barockstadt Ellwangen. Vor allem im Westen und Nordosten sind sie für die Landschaft kennzeichnend. Hier bleibt die flimmernde Hitze draußen über dem Land. Fast lautlos fließt das Wasser in den Quellbächen, den Waldboden in unzähligen Schlingen untergrabend. In kleinen Talmooren gedeihen kostbare Pflanzen, das fleischfressende Fettkraut, das Sumpf-Läusekraut, der sehr seltene Sumpf-Bärlapp und der Wassernabel. Am Blatt des stattlichen Froschlöffels ruht sich eine Libellenlarve aus.

Am Gewässerrand zeigt die Sumpfdotterblume den nahenden Frühling an, da und dort schmückt die prächtige Trollblume die nasse Wiese. Um die Dotterblume ranken sich viele Volksnamen: »Schmalzblume« und »Schmalzkachel« nennt man sie, weil die glänzenden Blüten und Blätter aussehen, als wären sie durch Mutters Schmalzhafen gezogen worden. Die Trollblume zählt wie die Dotterblume zu den Hahnenfußgewächsen. »Butterballen«, »Bauraknöpf«, »Krottabloam« und »Kuhblume« heißt sie auch. Ihrer Schönheit wegen war die Trollblume einst sehr begehrt. Typisch an ihr sind die goldgelben Kugelblüten. Von daher dürfte auch ihr Name kommen, denn »Troll« hat im Althochdeutschen wie im Lateinischen eine gemeinsame sprachliche Wurzel, die »kugelrund« bedeutet.

Ganz außergewöhnlich ist der Fund des in Deutschland fast nicht vorkommenden Blauaugengrases, eines Schwertliliengewächses.

Mit der überall vorkommenden Herbstzeitlose klingt das Pflanzenjahr allmählich aus. Wer weiß schon, daß die drei tulpenähnlichen Blätter mit der kräftigen Fruchtkapsel im Frühjahr zur Herbstzeitlose gehören, die erst im Spätsommer zu blühen beginnt, wenn diese Blätter längst wieder verschwunden sind? Mit dieser eigenartigen Lebensweise geht sie geschickt der Sense des Bauern aus dem Weg. Die Herbstzeitlose gibt damit ein Beispiel für die Anpassung einer Pflanze an den Menschen. Auch der Name »Zeitlose« weist darauf hin; sie blüht und fruchtet außerhalb der »normalen« Zeit. Die attraktive violette Lilienblüte, die keine schützenden Blätter besitzt, wird auch »Nackete Jungfer« genannt. Ebenso »Kirbebloam« oder »Spinnere«, weil einst im Herbst das Spinnrad wieder hervorgeholt wurde.

Vom Rand der Ostalb sieht man auf das waldreiche Albvorland und die sanft schwingenden Waldhügel.

Goldgelb leuchten die Kugelblüten der Trollblume.

Die Herbstzeitlose kündet das Ende des Sommers an.

Malerische Streuobstwiese im Schwäbisch-Fränkischen Wald.

Vorsicht, Bergsturzgefahr!

Die Felsengärten von Hessigheim

Von den Muschelkalkfelsen bietet sich ein herrlicher Blick ins Neckartal.

Bei Besigheim mündet die vom Schwarzwald kommende Enz in den Neckar. Sowohl von der Enz- als auch von der Neckarbrücke aus können wir den Zusammenfluß sehen. Unser Weg führt neckaraufwärts, wo uns ein besonders reizvoller Teil des Flußtales erwartet.

Der Neckar windet sich hier mühsam Schleife um Schleife durch die Landschaft. Zwischen den steil ansteigenden Weinbergen und dem Fluß hat die Straße gerade noch Platz. An der oberen Kante des Hanges sitzen mächtige Felsen. Ein bizarres Band bilden die erst kurz vor Hessigheim endenden Hes-

sigheimer Felsengärten. Haben nicht einige der Felsen eine dem Turm von Pisa ähnliche Schieflage? Tatsächlich hat es in früheren Zeiten hier schon Bergstürze gegeben. Doch heute ist die Strecke gut abgesichert.

Schon immer haben die steilen Felstürme Kletterer und Biologen angelockt. Vom Parkplatz folgen wir dem Wanderweg auf die Höhe. Zwischen den Weinbergen und den Felsen gedeihen Büsche und Bäume. Schlehen, Hartriegel und Forchen bestimmen das Bild. Keine Spur von einem gepflegten Garten. Dafür erwartet uns ein artenreicher Trockenrasen. Vor allem im Sommer und im Frühherbst erblüht hier manche reizvolle und anmutige Kostbarkeit.

Auffällig sind die purpurroten Blüten der Kartäusernelke. Wenn wir den Blütenstand näher betrachten, fällt auf, daß oft nur eine oder zwei Blüten geöffnet sind, die anderen haben schon geblüht oder sind im Wartestand. Die schmalen Blätter sind mit einer hauchdünnen Wachsschicht überzogen, um die Verdunstung zu mindern. Der aromatische Thymian bildet flache Polster; seine derben Blättchen lassen erkennen, daß auch er sparsam mit dem Wasser umzugehen versteht. Der rot blühende Edelgamander ist ein eigenartiger Lippenblütler, ihm fehlt die diese Familie kennzeichnende Oberlippe. Beide Lippen besitzt der rahmgelb blühende Aufrechte Ziest. Seine Unterlippe lohnt eine genauere Betrachtung. Wenig auffällig sind der weißblühende Purgierlein und der zu den Labkräutern gehörende Hügelmeier. An einigen Stellen gedeiht auch als Besonderheit die Edle Schafgarbe. Im Vergleich mit der auf Wiesen und an Wegrändern häufigen Gemeinen Schafgarbe ist ihr Blütenstand etwas üppiger, etwas edler. Jedes der vielen Blütenköpfchen am Blütenstand entspricht im Aufbau einer Sonnenblume.

Als Korbblütler leicht zu erkennen sind die meterhohe Ebensträußige Wucherblume, die an eine vielköpfige Margarite erinnert, und die gelb blühende Färber-Hundskamille. Bezaubernd wir-

Die Stinkende Nieswurz blüht schon Anfang März.

Die Gemeine Schafgarbe ist eine häufige Verwandte der selten vorkommenden Edlen Schafgarbe.

Blick auf die Hessigheimer Felsengärten.

Die Nickende Distel mit ihrem bis zu 6 cm großen Blütenkopf zählt zu den schönsten Distelarten.

Der aromatische Thymian wächst vor allem in Trockenrasen.

ken die weißen Blüten der Ästigen Graslilie, die sich Ende Juni öffnen. Häufig sind auch das Sichelblättrige Hasenohr, der Hirschhaarstrang und der Hufeisenklee. Nicht zu vergessen die Stinkende Nieswurz, die schon im Februar ihre unscheinbar grünen Blüten öffnet; ihre Blätter erinnern an die Christrosen im Garten.

Die Felsengärten und die unmittelbar östlich anschließenden Hänge blieben von der Hacke des Wengerters und dem Pflug des Landwirts verschont. Sie gehörten dem Schäfer und seiner Herde. Wärmeliebende und an die Trockenheit angepaßte Pflanzen konnten hier gedeihen. Sie mußten aber den Tritt und den Verbiß der Schafe ertragen. Als der Schäfer ausblieb, nahmen Sträucher und Bäume mehr und mehr überhand. Vor allem die Schlehen haben sich ausgebreitet. Der Mensch greift nun ein, um die Artenvielfalt in dem nur 2,7 ha großen Naturschutzgebiet zu erhalten.

Wir folgen dem Pfad entlang der Felsen. Vorsicht ist hier geboten. Schaut man in die Spalten, kann man den Grund meist nicht sehen. Die Neigung der Felsklötze zum Tal ist deutlich zu erkennen. Wer die wildzerklüftete Klamm so richtig erkunden will, der muß an der Stelle, wo der Hauptspalt endet, in die Tiefe steigen. Dort begegnet man an schönen Tagen den Kletterern, die hier an bestimmten Felsen und gekennzeichneten Stellen ihrem Sport frönen können.

Wir befinden uns im Muschelkalk. Versteinerungen, die hier vorkommen, verraten, daß es sich um eine über 200 Millionen Jahre alte Meeresablagerung handelt. Mit etwas Glück können wir eine versteinerte Muschel finden. Der mittlere Muschelkalk besteht oft aus mächtigen Schichten von Salz und Gips, die sich leicht im Wasser lösen. Solange diese löslichen Schichten jedoch durch den kalkreichen, harten oberen Muschelkalk versiegelt sind, bleiben sie erhalten.

Infolge einer Aufwölbung der Muschelkalkschichten bei Besigheim hat sich der Neckar bis zum mittleren Muschelkalk eingesägt. Die harten Bänke des oberen Muschelkalkes blieben als Felsen erhalten, die Schichten des mittleren Muschelkalkes wurden ausgelaugt. Durch nachfolgende Senkungen kam es zur Schrägstellung und da und dort zum Abkippen der Felsen des oberen Muschelkalkes.

Von den Felsen aus schweift der Blick über die herrliche Landschaft. Tief unten fließt der Neckar in einer breiten Talaue. Ein Schlepper, beladen mit Kies, tuckert gemächlich stromaufwärts. Seit 1968 ist der Neckar zwischen Heilbronn und Plochingen Großschiffahrtsstraße. Es können hier Motorschiffe bis zu 2000 Tonnen verkehren. Vor etwa 150 Jahren mußten die Frachtschiffe noch von Pferden an der Treidlerleine flußaufwärts geschleppt werden. Drei Tage war man damals von Heilbronn nach Bad Cannstatt unterwegs.

Im Westen, wo sich Neckar und Enz vereinigen, grüßt vom Mündungssporn das malerische Alt-Besigheim mit seinen Türmen. Dahinter folgt fruchtbare Lößlandschaft, bis schließlich das Panorama vom Waldgebiet des Strombergs mit dem markanten Michaelsberg abgeschlossen wird.

Uns gegenüber steigt der Hang zunächst sanft an, mit Beginn der nächsten Flußwindung aber wird er zum steilen Prallhang, gezeichnet vom unerbittlichen, immerwährenden Nagen des Wassers. Eingerahmt wird das Bild von ausgedehnten Rebflächen, die im Herbst in ihrer farbenfrohen Pracht einen wundervollen Anblick bieten.

Pflanzenparadies am Südhang

Der Kappelberg

Von vielen Schluchten zerfurcht, zieht sich zwischen Rems, Fils und Neckar – vom Hohenstaufen kommend – ein wenig besiedeltes Waldgebiet bis zu den Weinvororten der Landeshauptstadt Stuttgart: der Schurwald. Den nordwestlichen Schlußpunkt dieses Keuperberglandes bildet der markante Kappelberg. Von hier bietet sich bei klarer Sicht ein eindrucksvoller Rundblick über die weite Landschaft des mittleren Neckarraumes.
Verschiedene Wege führen zur Aussichtshöhe des Kappelberges. Ein Naturlehrpfad, der mit zahlreichen Informationstafeln auf Beachtenswertes hinweist, beginnt bei der neuen Kelter in Fellbach. Aber auch andere Wege führen durch Weinberge, die den Bergsporn rings umgeben, bergauf. Gipskeuper und Bunte Mergel, beides Schichten des Keupers, und die sonnige Lage lassen einen exzellenten Wein gedeihen. Wenn die Lese beendet ist, feiert man in der Stadt Fellbach etliche Tage lang den »Fellbacher Herbst«.
An einer Stelle des Weges zeigt sich die Folge eines starken Platzregens: Der Mergel wurde breiig und aus den Weinbergen herausgeschwemmt. Durch Begrünung des Bodens versuchen die Wengerter dies zu verhindern.
Nicht selten überrascht am Ende einer Rebzeile auch ein gepflanzter Rosenbusch mit zartroten Blüten. Wenn sich im Herbst das Laub der Reben

Der Kappelberg bei Fellbach bildet das nordwestliche Ende des Schurwaldes. Hier findet man reizvolle Wanderwege.

Der Eichen-Rotbuchen-Mischwald am Kappelberg.

von grün nach gelb und orange oder bei einigen Sorten auch dunkelrot verfärbt, erlebt der Wanderer eine einzigartige Farbenpracht. Etwa auf halber Höhe erreichen wir das bewirtschaftete Schützenhaus.

Warum es gerade an dieser Stelle gebaut wurde, ist geologisch bedingt. Eine harte Sandsteinschicht, der Kieselsandstein, trennt hier die unteren von den oberen Bunten Mergeln. Der Kieselsandstein eignet sich, im Gegensatz zu den weicheren, nachgiebigen Bunten Mergeln, als Baugrund. Auf derselben geologischen Schicht steht eine weitere Gaststätte, das Waldschlößlein. Ganz in ihrer Nähe befand sich früher die namengebende, einst vielbesuchte Wallfahrtskapelle; sie wurde jedoch im Jahre 1819 abgebrochen.

Weiße Sandsteinbrocken lassen erkennen, daß wir uns nun im Stubensandstein befinden. Die Aussicht von der Kuppe (469 m), etwa 175 Meter oberhalb des Ausgangspunkts, ist einzigartig. Unterhalb, sich an Rebflächen anschließend, liegt Stuttgart, dessen Häusermeer sich aus dem Talkessel an vielen Stellen die Hänge emporschiebt – bis an die bewaldeten Höhen des Frauenkopfs mit dem Fernsehturm, bis an den Hasenberg und den Birkenkopf. Unübersehbar ist das breite Band der Bundesstraße 14, das sich im Kappelberg-Tunnel verliert.

Im Süden, hinter den Fildern, zeigt sich im bläulich-zarten Dunst die Stufe der Schwäbischen Alb, im Westen die Gäufläche mit dem Hohenasperg und bei klarer Sicht die Silhouette des Schwarzwaldes. Gegen Norden, hinter Fellbach und dem Schmiedener Feld sehen wir die Löwensteiner Berge, die, wie der Schurwald mit dem Kappelberg, ebenfalls eine Stufe in der südwestdeutschen Stufenlandschaft bilden.

Auf dem nahen Württemberg, oberhalb der Ort-

Am Südhang des Kappelbergs gedeihen zahlreiche seltene Pflanzenarten. Um sie zu erhalten, wurden Naturschutzgebiete ausgewiesen.

schaft Rotenberg, erkennt man den markanten Rundbau der Grabkapelle. Hier ruhen Königin Katharina, ihr Gemahl König Wilhelm I. und die erste Tochter des Königspaares. Katharina, die Tochter des Zaren Paul I. und seiner württembergischen Gemahlin Maria Feodorowna, starb nach dreijähriger Ehe 1819 an einem Gehirnschlag. Sie regte den Bau des Katharinenstifts und des Katharinenhospitals an; ihr verdanken wir auch die Landessparkasse und die Landwirtschaftsschau mit dem Volksfest. Sie war eine Frau mit beachtenswertem sozialen Engagement. Ihren Wunsch, auf dem Württemberg begraben zu werden, erfüllte König Wilhelm I. Die dortige Stammburg mußte der Grabkapelle weichen.

Wer Freude an den Schönheiten der Pflanzenwelt hat, wird auf dem Kappelberg manch reizvolle botanische Entdeckung machen. Um die Pflanzen und ihren Lebensraum zu sichern, stehen Teile des Berges unter Naturschutz. Besonders die trockenen, südwärts gerichteten Hänge beherbergen eine Anzahl von licht- und wärmebedürftigen Arten, die ihre Hauptverbreitung in Steppengebieten und im Mittelmeerraum haben. Die Hauptblütezeit liegt im Frühsommer.

Schon von weitem leuchtet das Purpurrot der Kartäusernelke. Meist sind, wie erwähnt, nur eine oder zwei Blüten des Blütenstandes geöffnet. Dafür währt die Blütezeit der einzelnen Pflanze umso länger. Im Trockenrasen finden wir auch das gelbe Sonnenröschen. Es zeichnet sich durch reizempfindliche Staubblätter aus. Wenn wir sie mit dem Finger berühren, bewegen sie sich nach außen. Ende Juni bestimmt die Ästige Graslilie das Bild. Einzigartig sind ihre weißen Blüten. Nicht selten ist der gelbe Sichelklee. Besucht ein Insekt die Blüte, schnellen die Staubblätter aus dem Schiffchen und bestäuben gezielt den Besucher.

Vom Westsporn des Kappelbergs sieht man auf das Häusermeer Stuttgarts.

Blick auf den Ort Rotenberg und die Grabkapelle.

Der Blutrote Storchschnabel ist eine der auffälligsten Pflanzen der Steppenheide.

Widderchen auf der nektarreichen Skabiose.

Der Große Ehrenpreis liebt trockene Hänge und Waldränder.

Der Duft des blühenden Weißdorn wird nicht von jedem geschätzt.

Mit einem Grashalm können wir den gleichen Effekt hervorrufen. Noch eindrucksvoller ist dieser Bestäubungsmechanismus beim Besenginster, den wir hier ebenfalls finden. An anderer Stelle begegnen wir dem Blutroten Storchschnabel, dem Edelgamander und dem Thymian, der Großen Braunelle und dem Großen Ehrenpreis. Wo der Boden nicht kalkreich ist, haben sich Heidelbeere und Heidekraut angesiedelt. Natürlich gibt es auch hier Orchideen. Doch sie sind selten und verdienen unseren ganz besonderen Schutz. Bis in den Oktober hinein blühen Bergaster und der Gefranste Enzian. Und wo Blüten sind, da finden wir auch Schmetterlinge, Käfer und andere Insekten.

Wenn es uns an den sonnigen Hängen zu heiß wird, wechseln wir in den schattigen Wald. Nach Osten öffnet sich ein weites Wandergebiet. Die höchste Erhebung des Schurwaldes, der Kernen (513 m) mit einem Aussichtsturm, ist nur wenige Kilometer entfernt.

Jagdschloß und Lusthaus, Wildgehege und Waldseen

Im Glemswald

Die Bewohner von Stuttgart, Sindelfingen, Böblingen, Leonberg, Renningen und Gerlingen haben in ihrer unmittelbaren Nähe ein ausgedehntes und reizvolles Waldgebiet, den Glemswald. Er verdankt seinen Namen der Glems, die in diesem Waldgebiet entspringt und vorbei an Leonberg, sich tief in den Muschelkalk der Gäulandschaft einschneidend, der Enz zufließt.

Die ganze Größe des Glemswaldes eröffnet sich vom 217 Meter hohen Fernsehturm, dem Wahrzeichen der Landeshauptstadt und des Süddeutschen Rundfunks. An den Naturpark Schönbuch anschließend zieht der Glemswald weit ausladend an Stuttgart vorbei, umgreift den Talkessel im Süden und Westen bogenförmig und endet schließlich im Lemberg bei Zuffenhausen.

Der Glemswald ist eines der attraktivsten Naherholungsgebiete des Großraums Stuttgart. Hier findet der Besucher waldgesäumte Seen, die einst der Wasserversorgung von Stuttgart dienten, ur-

Im Glemswald mit seinen reizvollen Seen kann man zu jeder Jahreszeit herrliche Spaziergänge und Wanderungen unternehmen.

Blick vom Stuttgarter Fernsehturm.

wüchsige, ausladende Eichen und Buchen, die schon zu Zeiten von Herzog Carl Eugen und Friedrich Schiller ansehnliche Bäume waren. Romantische Wege führen durch feuchte Schluchten und

Der Waldmeister bevorzugt nährstoffreichen Laubwald. Seine 6–8 Blätter sind quirlförmig angeordnet. Getrocknet duftet der Waldmeister nach Kumarin.

zu markanten Ausblicken in die umgebende Landschaft. Wer Freude und Interesse an der Pflanzen- und Tierwelt hat, kann bei seinen Wanderungen vielfältige Entdeckungen machen. In den beiden Gehegen im Rotwild- und im Schwarzwildpark sind Hirsche bzw. Schwarzkittel zu beobachten. Einige Rastplätze, Liegewiesen und Grillstellen laden zum Verweilen ein.

Um den Glemswald zu schützen und zu erhalten, wurde das 13 450 ha umfassende Waldgebiet 1995 unter Landschaftsschutz gestellt. Einzelne, besonders kostbare Bereiche sind schon seit Jahrzehnten geschützt.

Der Glemswald mußte viele Eingriffe über sich ergehen lassen. Die Nutzung als Viehweide und übermäßiger Holzeinschlag führten bis zur Einführung der Stallfütterung im 18. Jahrhundert zu einer starken Verlichtung des Waldes. Die jagdfreudigen Landesherren legten wiederholt Wildgehege und Festwiesen an und durchschnitten den Wald mit einem dichten Wegenetz. Der Bären- und der Pfaffensee sowie der Neue See wurden zur Sicherung der Wasserversorgung von Stuttgart geschaffen. Nach dem Ende des Ersten Weltkriegs gab es Pläne, im Schwarzwildpark eine Wohnsiedlung zu bauen und nach dem Zweiten Weltkrieg beabsichtigte man, einen großen Tierpark im Wald anzulegen. Erfreulicherweise blieb es beim Planen. In den 60er Jahren drang dann jedoch der Wohnungsbau bis an die Ränder des Waldgebiets vor. Durch den gesetzlichen Schutz des Glemswaldes sollen künftig weitere Eingriffe unterbunden werden.

Mit 35 Jahren faßte Herzog Carl Eugen im Jahre 1763 auf einer Jagd im Gebiet der heutigen Solitude den Entschluß, auf dem vorspringenden Bergsporn mit dem herrlichen Blick nach Ludwigsburg ein Jagdschloß zu erbauen. Die Solitude, die »Einsamkeit«, sollte ihm zur Erholung von den Geschäften am Hofe dienen.

Es wurde mehr als ein Jagdschloß: 1767 war die Solitude ein Schloß, umgeben mit Kavaliershäuschen, 1770 wurde im dazugebauten Marstall die württembergische Pferdezucht aufgenommen, und im gleichen Jahr stiftete der Herzog die berühmte, streng reglementierte Karlsschule, die allerdings schon nach fünf Jahren in die Stadt verlegt wurde.

Den Wald um das Schloß ließ er durch Wege erschließen und Wildgehege anlegen. Zu diesen hatten die gewöhnlichen Landeskinder allerdings keinen Zugang. Wiederholt fanden hier repräsentative Jagdveranstaltungen statt. Große Berühmtheit erlangte die herzogliche Baumschule an der Solitude, deren Leiter der Vater von Friedrich Schiller war.

Vom Schloß bis nach Ludwigsburg ließ Carl Eugen schon 1766 eine kerzengerade Straße bauen, ohne Rücksicht auf Gelände und Grundbesitz. Sie führt durch die Schichtstufe des Keupers hinab in die mit Lößlehm bedeckte Muschelkalklandschaft des Gäus.

Schon um 1788 verlor der Herzog das Interesse an der Solitude. Sicherlich nicht zum Nachteil des Waldgebietes.

1820 konnte man auf der schnurgeraden Allee von der Solitude nach Ludwigsburg etwas Eigenartiges beobachten: Mit fünf Meter langen Eisenstangen wurde die Strecke auf Veranlassung von König Wilhelm I. exakt vermessen. Die 13,0243 Kilometer lange Straße diente von da an als Grundlage für die genaue Landesvermessung. Den Verlauf der Solitude-Allee kann man von der Erinnerungstafel aus, die auf dem Boden des offenen Schloßuntergeschosses eingelassen ist, gut verfolgen.

Noch umfassender ist der Blick von der Aussichtsterrasse des Schlosses. Über das Häusermeer von Korntal und das Lange Feld schweift der Blick zum Hohenasperg, dem einstigen Sitz eines Keltenfürsten, zum Stromberg und den Löwensteiner Bergen. Besonders eindrucksvoll ist das Lange Feld, wenn im Sommer weithin das reife Korn auf den Feldern wogt.

Ein besonderer Anziehungspunkt ist das Bärenschlößle mit dem nahen Bärensee im Rotwildpark. Für die Kinder ist es ein besonderes Vergnügen, wenn sie auf einem der bronzenen Bären reiten dürfen. Welcher Stuttgarter wagte in seiner Kindheit hier nicht einen Bärenritt?

Das Schlößchen hat eine bewegte Geschichte. Herzog Carl Eugen errichtete es als Lusthaus. Angeregt durch einen Besuch in Venedig im Jahre 1767 ließ er zwei Gondeln bauen, die alsbald mit fröhlicher Gesellschaft den künstlich aufgestauten Bärensee belebten. Den Imbiß nahm man für gewöhnlich im Pavillon ein.

1817 wurde das Lusthaus durch ein Schlößchen ersetzt, das man von Freudental am Stromberg hierher brachte. 1943 wurde es bei einem Fliegerangriff zerstört. Über den erhaltenen Grundmauern wurde 1962 ein Schutzdach errichtet. 1994 brannte das Provisorium ab. Inzwischen ist das Bärenschlößchen zur Freude der Besucher im alten Stil wieder aufgebaut worden.

Der geschützte Seidelbast öffnet schon im Februar, noch ehe die Blätter erscheinen, seine duftenden Blüten.

Immer wieder findet man urwüchsige, ausladende Buchen und Eichen.

Königliches Jagdrevier

Im Schönbuch

Von Stuttgart nach Tübingen fährt man ab Dettenhausen durch eine ausgedehnte Waldlandschaft, den Schönbuch. 1972 zum Naturpark erklärt, dient er in vielfältiger Weise den Bewohnern der nahen Ballungsräume als Wander- und Erholungsgebiet. Zahlreiche Parkplätze, markierte Wanderwege, Lehr- und Trimmdichpfade, Rast- und Spielplätze sowie acht Wildgehege hat die Forstverwaltung angelegt. Der Schönbuch umfaßt etwa 150 Quadratkilometer und ist in der Größe vergleichbar mit dem Fürstentum Liechtenstein.
Gleichgültig, ob man sich Bebenhausen, der einzigen Ortschaft im Schönbuch, auf der alten Bundesstraße 27 oder auf einem der Wanderwege nähert, der architektonisch eindrucksvolle Dachreiter des ehemaligen Zisterzienserklosters, ein gotischer Vierungsturm, ist nicht zu übersehen. Nur wenige mittelalterliche Klosteranlagen sind so gut erhalten wie diese. Das Kloster wurde 1183 vom Pfalzgrafen Rudolf von Tübingen als Begräbnisstätte für seine Familie gestiftet. Umfangreiche steuerliche Privilegien und die Tüchtigkeit der Mönche ließen Bebenhausen rasch aufblühen. Um 1301 war das Kloster so vermögend, daß es dem verschuldeten Pfalzgrafen die Hoheitsrechte über die Stadt Tübingen abkaufen konnte.
Nach der Reformation fiel das Kloster im Jahre 1534 an Württemberg und war von 1556 bis zur Neuordnung des Königreichs Württemberg 1806 höhere evangelische Klosterschule. Danach diente es den Landesherren bei ihren aufwendigen Jagdfesten als Quartier.
König Wilhelm II. und Königin Charlotte verbrachten, nach ihrer Abdankung 1918, in Bebenhausen ihren Lebensabend. Von 1947 – 1952 war es Sitz des Landtags von Württemberg-Hohenzollern. Da sich der gesamte Ort wie kaum ein anderer den Charakter eines mittelalterlichen Klosterbezirks erhalten konnte, wurde er 1975 unter Ensemble-Denkmalschutz gestellt.
Folgen wir von Bebenhausen aus dem Goldersbach, kommen wir bald an ein umzäuntes, durch ein Tor zugängliches Waldgebiet: das 4000 ha große Reich der Hirsche. Sie sind scheu, und nur selten bekommt man sie zu Gesicht. Wer das württembergische Wappentier sehen möchte, begibt sich am besten zu den speziellen Wildgehegen der Hirsche unweit von Bebenhausen. In anderen Gehegen werden auch Rehe, Damwild, Mufflons und Wildschweine gehalten.
Wanderungen im Goldersbachtal mit seinen oft tief eingeschnittenen Zuflüssen sind zu jeder Jahreszeit eindrucksvoll. Im klaren Wasser können wir schon einmal Forellen entdecken. Auch Erdkröten und Feuersalamander sind hier zu Hause. Schwarzspecht, Hohltauben, Kleiber nisten in Baumhöhlen, und vielleicht entdecken wir an einem lauen Sommerabend einen schwerfällig dahinfliegenden Hirschkäfer.
Am Bachrand sehen wir die kuchenblechgroßen Blätter der Pestwurz oder die zarten Sprosse des Waldschachtelhalms. An feuchten Stellen gedeiht auch der Gelbe Eisenhut. Das Gift dieser Pflanze wurde früher bei der Wolfsjagd eingesetzt. Mit dem Goldersbachtal haben sich die Botaniker ein-

Damwild in einem der acht Wildgehege des Schönbuchs.

Das ehemalige Zisterzienserkloster Bebenhausen bei Tübingen ist von Wald umgeben.

Die Gemeine Pestwurz säumt gerne die Waldbäche.

Ein geologisches »Fenster« oberhalb von Kayh zeigt deutlich die Bunten Mergel.

gehend befaßt und eine erstaunliche Artenvielfalt festgestellt. Über 350 Arten von Blütenpflanzen und 90 Moosarten wurden hier registriert.
Hin und wieder stößt man im Schönbuch auf einen aufgelassenen Steinbruch. Betrachtet man einen Gesteinsbrocken genauer, erweist er sich meist als Sandstein und zwar als Stubensandstein. Er wird so genannt, weil er früher zur Reinigung von hölzernen und geölten Stubenböden diente. Für manche Ortschaften am Rande des Schönbuches war der Stubensandstein ein bedeutsamer wirtschaftlicher Faktor. War der Sandstein hart, lieferte er Bauquader und Mühlsteine, die nicht nur im Württembergischen Verwendung fanden. Mit Stubensandstein aus dem Schönbuch wurde z.B. auch 1880 der Kölner Dom vollendet. Diesem Sandstein bekommt jedoch die verunreinigte Luft der Großstadt nicht, so daß er nach und nach durch widerstandsfähigeres Gestein ausgetauscht werden muß.
Der Name Schönbuch läßt vermuten, daß das Waldgebiet nach der Rotbuche benannt wurde.

Die Rotbuche bestimmt heute an vielen Stellen das Waldbild des Schönbuchs.

Ausblick vom Grafenberg bei Kayh. Im Vordergrund das Ammertal, in der Ferne die Schwäbische Alb.

Unsere Wanderung scheint das zu bestätigen. Tatsächlich aber gibt es zahllose Erklärungen für die Herkunft dieser Bezeichnung. Sicher ist nur, daß einst der Schönbuch ein reiner Laubwald war und die Buche am Baumbestand einen wesentlichen Anteil hatte. Die Nadelhölzer fanden erst im 18. und 19. Jahrhundert Eingang in den Schönbuch – schon damals unter dem Motto »Rettet den Wald«.

Die um den Schönbuch liegenden Gemeinden und Städte hatten ursprünglich das Recht, den Wald als Weide für Rinder, Pferde und Schweine zu nutzen, Bau- und Brennholz zu entnehmen sowie Streu zu sammeln. Die übermäßige Nutzung, bedingt durch die Zunahme der Bevölkerung, führte zur weitgehenden Zerstörung des Holzbestandes. Im 18. Jahrhundert glichen zwei Drittel des Waldes zeitweilig einer parkartigen Heidelandschaft. Einige Eichen stammen noch aus dieser Weidezeit. Der Jagdlust der württembergischen Landesherren ist es letztlich zu verdanken, daß der Schönbuch nicht ganz zu einer heideähnlichen Weidelandschaft verkam.

In der Mitte des 19. Jahrhunderts begannen ausgebildete Forstleute mit einem systematischen Waldaufbau. In der ersten Phase wurde den schnellwüchsigen Fichten der Vorrang gegeben. Da sich aber bei diesen Monokulturen bald ernsthafte Probleme einstellten, wurde wieder eine natürliche Waldzusammensetzung angestrebt. Eichen, Hainbuchen und Buchen sind kennzeichnend für das Waldbild des Schönbuchs, das soviele Wanderer und Spaziergänger lieben.

Dreizehn Triebe einer vor langer Zeit gefällten Rotbuche wurden zu Bäumen. Die »13 Buchen« sind heute als Naturdenkmal geschützt.

Am Bromberg (583 m), der höchsten Erhebung des Schönbuchs, liegt der Birkensee, umgeben von einem Torfmoor.

Hausberg mit Qualität

Am Spitzberg bei Tübingen

Wie ein gewaltiges Schiff liegt der Spitzberg vor der Universitätsstadt Tübingen, umgeben von den ausgedehnten, weiten Talauen des Neckars und der Ammer; er ist vier Kilometer lang und etwas über einen Kilometer breit. Am westlichen Ende steht, schon ein wenig abgelöst, noch ein imposanter Bergkegel, gekrönt von einer Kapelle mit weißen Wänden – eine weithin sichtbare Landmarke. Es ist die von Ludwig Uhland besungene Wurmlinger Kapelle, ein sehr alter Wallfahrtsort. An diesem vielbesuchten Aussichtspunkt befindet sich heute noch der Friedhof von Wurmlingen.

Weit vermag der Blick von hier zu schweifen: Im Süden die »blaue Mauer« der Schwäbischen Alb, im Westen die leicht verschwommene Linie des Schwarzwaldes, im Norden, jenseits des Ammertals, der deutliche Anstieg des Schönbuchs, im Osten ganz nahe der Spitzberg. Es scheint, als gehöre der Kapellenberg eigentlich noch zu ihm, wenngleich ihn Wasser, Wind und Wetter zu trennen trachten.

Schon bald nach der Gründung der Universität Tübingen im Jahre 1477 entdeckten die dortigen Botaniker die Pflanzenvielfalt des Spitzbergs.

Blick von der Wurmlinger Kapelle auf die zahlreichen aufgelassenen Weinberge oberhalb von Hirschau.

Bereits Leonhart Fuchs, der 1533 einen Ruf nach Tübingen erhielt, befaßte sich mit der Vegetation des Höhenrückens. Die beliebten Fuchsien tragen übrigens seinen Namen. Auch den Zoologen erschloß sich in zahlreichen Untersuchungen eine ungeahnte Artenfülle. Kein Berg in der Umgebung von Tübingen ist so reich an interessanten Pflanzen und Tieren, kein Berg wurde so gründlich wissenschaftlich untersucht und beschrieben.
Wie erklärt sich diese reiche Tier- und Pflanzenwelt? Sie ist bedingt durch den geologischen Aufbau des Spitzbergs und seine steilen, sonnigen Südhänge. Der Höhenzug besteht aus den Schichten des Keupers. Dem Gipskeuper im Talgrund und am Fuße des Höhenzugs folgt der Schilfsandstein. Er ist nur schwach ausgebildet und wird meist vom Gehängeschutt der darüberliegenden, sehr mächtigen Bunten Mergel verdeckt. An der Waldgrenze beginnt der Stubensandstein. Nur an wenigen Stellen findet sich über diesem noch der Knollenmergel.

Die bekannte Wurmlinger Kapelle ist ein beliebtes Ausflugsziel.

Am steilen Südhang, der in vergangenen Zeiten zuweilen Prallhang des Neckars war, kann die Oberflächentemperatur des Bodens auf über 70° C ansteigen. Nicht nur viele seltene, wärmeliebende

Der unter Naturschutz stehende Spitzberg besitzt eine abwechslungsreiche Vegetation und ist Lebensraum für viele Insekten.

Die Bergaster liebt trockene, kalkreiche Hänge.

Die im Mai blühende Osterluzei stammt ursprünglich aus dem Mittelmeerraum.

Pflanzen und Tiere haben hier ein Zuhause gefunden, auch der Mensch wußte diese Sonnenhänge für den Weinbau zu nutzen.
Eine ganz andere, nicht weniger reizvolle Pflanzen- und Tierwelt erwartet den Besucher in den feuchten, wasserdurchflossenen Schluchten des Höhenzuges.
Mit dem Anbau von Wein an den sonnigen Südhängen begann man bereits im hohen Mittelalter; 1213 wird darüber erstmals berichtet. In mühevoller Arbeit wurden die kunstvollen Terrassen mit ihren Sandsteinmauern und Sandsteintreppen geschaffen. Wenn wir heute von Hirschau aus hinauf auf die Höhe wandern, dann sehen wir, daß viele Weinberge nicht mehr bewirtschaftet werden und die Mauern und Treppen verfallen. Aus manchen Weinbergparzellen wurden Obstgärten, andere liegen brach und bleiben sich selbst überlassen.
Auffällig sind die Sträucher wie Schlehe, Hartriegel, Weißdorn, Liguster oder Pfaffenhütchen. Dort, wo die Bodenkrume dünner ist, finden wir die Pflanzengesellschaften der Halbtrocken- und Trockenrasen mit Sonnenröschen, Wundklee, Knäueliger Glockenblume und Blauem Lattich. Am Waldsaum begegnet man zahlreichen, floristisch wertvollen Arten mit südlicher und östlicher Verbreitung. Genannt seien neben verschiedenen Orchideen und Enzianen der herrliche Blutstorchschnabel, der Bergklee, der Dost und die Ungarische Platterbse, die in Baden-Württemberg nur hier und auf dem Grafenberg am Rande des Schönbuchs wächst.
Die reiche, vielgestaltige Pflanzenwelt lockt zahlreiche Tierarten, vor allem Insekten, an. Allein 1300 Käferarten wurden hier bestimmt. Und mitunter begegnet man auch einer der besonderen Kostbarkeiten, der Blutroten Singzikade, dem Grasbockkäfer oder dem wärmeliebenden Schmetterlingshaft. Es ist ein großes Erlebnis, zu sehen, wie dieser rasch fliegende Netzflügler mit schmetterlingsartigen Flügeln und langen Fühlern im Fluge andere Insekten jagt.
Der ganze Keuperrücken steht unter Landschaftsschutz. Zwei besonders wertvolle Bereiche am Südhang wurden als Naturschutzgebiete ausgewiesen, um die artenreiche Flora und Fauna zu schützen und zu erhalten. Wenn man jedoch der Natur freien Lauf lassen würde, bliebe es nicht aus, daß durch die Selbstaussaat von Kiefern und Robinien und die Verbuschung durch Schlehen der Artenreichtum gefährdet wäre. Deshalb wurde für die beiden Schutzgebiete ein Pflegeplan erstellt, der diese Entwicklung verhindern soll.

Wenig wächst auf des »Teufels Hirnschale«

Der Venusberg im Gäu

Westlich von Böblingen und Sindelfingen, zwischen Würm und Nagold, liegt das Heckengäu. Das Wahrzeichen dieser liebenswerten Muschelkalklandschaft sind ausgedehnte Heideflächen mit ihren Steinriegeln. Im Gegensatz zu den übrigen Gäulandschaften, wie Strohgäu und Korngäu, fehlt dem Heckengäu die eiszeitliche Lößschicht über dem Muschelkalk. Nur in den Trockentälern ist der Boden tiefgründig, nur hier lohnt sich der Ackerbau.
Dort aber, wo das blanke Kalkgestein unter einer lückigen Erdkrume ansteht, auf des »Teufels Hirn-

Schlehen bevorzugen Steinriegel und Böschungen als Standorte.

Blick vom westlichen Venusberg.

Immer wieder trifft man auf bizarre Wuchsformen, wie z.B. bei diesem Weißdorn auf dem Venusberg.

schale«, reicht es lediglich für eine Schafweide oder einen dürftigen Kiefernwald. Wenn man früher in Notzeiten dennoch Heideland umbrach, mußten aus dem steinreichen Boden immer wieder mühsam die Kalksteine herausgelesen werden. Diese Lesesteine wurden an Rainen, Böschungen und auf den Heiden aufgeschüttet. So entstanden die unzähligen Steinriegel, die uns an den Fleiß unserer Vorfahren erinnern.

Auf den Steinriegeln entwickelte sich im Laufe der Zeit eine charakteristische Pflanzengemeinschaft. Schlehen und Weißdorn, Heckenrosen und Liguster, Blutroter Hartriegel und Feldahorn siedelten sich hier an. Zahlreiche Nagetiere, Vögel und Insekten finden in dem Gebüsch ein Zuhause. Die Hecken dienen ihnen als Nahrungsquelle sowie als Brut- und Schutzraum.

Von ganz besonderem Reiz ist die Landschaft, wenn im Frühjahr die Schlehen blühen. Nicht von ungefähr spricht man auch vom Schlehengäu. Zuweilen taucht auch noch die Bezeichnung Dornengäu auf. Der Name Heckengäu fand erst in diesem Jahrhundert Eingang in die Literatur. Noch 1931 schreibt Robert Gradmann in seinem Geographiewerk »Süddeutschland«, daß man »scherzweise« vom Heckengäu spreche.

Zahlreiche Wanderwege führen durch das herbe und dennoch anmutige Hecken-Schlehengäu. Besonders eindrucksvoll ist die auffallende Wölbung des Venusberges bei Aidlingen. Die ausgedehnte Heidelandschaft ist durchsetzt mit markanten Wacholderbüschen, alten, verbuschten Steinriegeln und einzelstehenden Kiefern, die dem Natur- und Landschaftsschutzgebiet stellenweise ein labyrinthartiges Gepräge verleihen. An einigen Stellen schließen sich die rostrotstämmigen Kiefern zu einem Waldstück zusammen.

Die Herkunft des Namens liegt im Dunkeln. Wahrscheinlich ist »Venusberg« eine Schöpfung der Landesvermessung im Jahre 1830, als man für die

Der Venusberg mit seiner typischen Steppenheidevegetation. Im Hintergrund: Sindelfingen und Böblingen.

1

2

4

markante Erhebung einen Namen suchte. Zuvor sprachen die Bewohner im nahen Aidlingen meist vom »Berg«. Beträgt der Höhenunterschied zum Ort doch immerhin 110 Meter.
Die schildförmige Heidelandschaft bietet immer wieder neue Ausblicke: über dem Würmtal im Osten das helle Häusermeer von Sindelfingen und Böblingen, dahinter der walddunkle Anstieg des Keupers, weit in der Ferne die Stufe der Schwäbischen Alb. Im Westen gleitet die Landschaft unmerklich in den Schwarzwald hinüber.
Eine Schar Wacholderdrosseln zieht am Himmel seine Bögen. Ein Turmfalke rüttelt wenig später, nach Beute am Boden Ausschau haltend. Auf einem Schlehenbusch schmettert eine Dorngrasmücke ihr Lied. Grillen zirpen auf dem kahlen Tanzplatz vor ihrer Höhle.
Nur Pflanzen, die dem Biß und dem Tritt der Schafe sowie der häufigen Wassernot gewachsen sind, können sich im Trockenrasen der Schafweide halten. Edelgamander, Thymian, Braunelle, Sonnenröschen, Frühlingsfingerkraut schmiegen sich an den Boden, ihre Blätter sind klein und derb. Küchenschelle, Zypressenwolfsmilch und Enziane enthalten abstoßende Bitterstoffe. Silberdistel, Stengellose Distel, Hauhechel, Wacholder oder Rosen wehren sich gegen Verbiß mit Dornen oder Stacheln. Am Waldsaum gedeihen die Kartäusernelke mit ihren purpurnen Blüten, die Pfirsichblättrige Glockenblume, die zartweiße Ästige Graslilie, das Sichelblättrige Hasenohr, das duftende, gelbe Echte Labkraut, der Aufrechte Ziest, die Bienenragwurz und das Zweiblatt, um nur einige zu nennen. Wenn sich die dunkelblauen Blüten des Gefransten Enzians öffnen, naht das Ende der Vegetationszeit.

3

Die Blüten des Natterkopfes sind erst rot, dann blau (1).

Der Ackerwachtelweizen mit seinen roten Hochblättern ist ein Halbschmarotzer (2).

Der Gefranste Enzian verdankt seinen Namen der Blütenkrone mit vier gefransten Zipfeln (3).

Die Gewöhnliche Küchenschelle öffnet schon im März ihre großen Blüten (4).

Die Autorinnen und Autoren

Prof. Dr. Ernst Waldemar Bauer
Biologe und Geologe. Fernsehjournalist.
Autor zahlreicher Bücher.
Gestalter der Fernsehreihe »Wunder der Erde«.

Ottmar Engelhardt
Rektor der Grund-, Haupt- und Realschule Neresheim (Härtsfeldschule) i.R. Arbeitsschwerpunkte: Landeskunde, Botanik. Archiv mit über 20 000 Pflanzenbildern.

Joachim Genser
Konservator. Bezirksstelle für Naturschutz und Landschaftspflege, Freiburg.

Prof. Dr. Werner Gotthard
Dozent für Schuldidaktik der Biologie an den Pädagogischen Hochschulen Esslingen und Ludwigsburg, i.R.

Dipl. Forstwirtin Birgit Hüttl
Assessorin des Forstdienstes, Freiburg.

Dipl. Forstwirt Gerhard Hüttl
Bezirksstelle für Naturschutz und Landschaftspflege Freiburg.

Prof. Dr. Herbert Lange
Dozent für Biologie und ihre Didaktik
an der PH Freiburg.

Dr. Rainer Oppermann
Biologe, Dipl. Ing. Landschaftspflege. Leiter des Instituts für Landschaftsökologie und Naturschutz Singen.

Dipl. Biologin Juliane Prinz
Institut für Ökosystemforschung Freiburg.

Dipl. Geograph Dr. Reinhard Wolf
Bezirksstelle für Naturschutz und Landschaftspflege Karlsruhe.

Bildquellennachweis

E. W. Bauer, Ostfildern: 7, 8, 10, 11(2), 12, 13, 14, 15(2); I. Bauer, Ostfildern: 9;
G. Beck, Pforzheim: 16/17, 30, 118, 138;
Bogenrieder: 43 (o.);
O. Engelhardt, Neresheim: 35, 36 (1–5), 54 (2), 55 (4), 70, 71 (1–6), 72/73 (2), 74 (2), 75 (1–4), 76/77 (2), 78, 79 (1–5), 84, 85 (1–3 u. re.), 86 (1–7), 87, 89, 90, 91 (3), 92, 93, 94 (2), 95 (2), 96 (2), 97, 99(2), 100 (2), 101 (2), 102/103 (2), 104 (2), 105 (2), 106, 107, 108 (2), 109, 110 (2), 111, 112, 113 (2), 114/115 (2), 116/117, 119 (1–4), 126 (2), 127 (2), 128, 129 (1–4, u.), 136 (Mitte, u.) 137 (oben, Mitte), 154 (3), 157 (3, 4), Umschlagbild (klein);
J. Feist, Pliezhausen: 82, 83, 88, 130/131, 148, Umschlagbild;
Fotofachlabor Schnepf/Archiv Luftbild Brugger: 64/65, 66, 80/81, 98/99;
J. Genser, Freiburg: 37, 38, 39 (2), 40 (2);
C. Gollor-Knüdeler, Weissach i.T.: 135, 136 (o.), 137 (u.), Vor- und Nachsatz;
W. Gotthard, Ostfildern: 132, 133 (2), 134 (3), 139 (2), 140 (3), 141, 142 (2), 143 (2), 144 (4), 146 (u.), 147 (o.), 149, 150 (2), 151 (3), 152, 153 (2), 155 (2), 156 (2); 157 (1, 2);
H. Haas, Aalen-Unterkochen: 85 (4), 114 (u.li.);
R. Herzog, BNL Karlsruhe: 59 (Mitte);
B. Hüttl, Freiburg: 60, 61, 62 (2), 63;
G. Hüttl, Freiburg: 24/25 (2), 26 (o.), 27 (o., u. re.), 28/29 (2), 31 (2), 33 (2), 32 (o., u. re.);
Landesbildstelle Baden, Karlsruhe: 34, 53;
H. Lange, Freiburg: 21 (2), 22 (1–3), 23 (o.);
R. Oppermann, Singen: 67 (2), 68/69 (4);
Th. Pfündel, Stuttgart: 145, 146 (o.), 147 (u.);
H. u. K. Rasbach, Glottertal: 18, 19, 20, 23 (u.), 41, 42 (2), 43 (u.), 44;
H. Rastätter, BNL Karlsruhe: 58 (Mitte);
B. Seitz: 26 (u.), 27 (u. li.), 29 (re.), 32 (li.);
R. Wolf, Marbach: 45, 46 (2), 47(2), 48, 49, 50, 51 (2), 53, 56/57 (2), 58 (o., u. li., u. re.), 59 (o., u.), 120, 121 (2), 122 (2), 123, 124 (2), 125;

Bildmotive der Kapitelauftaktseiten

S. 16/17:
Sonnenuntergang an der Schwarzwaldhochstraße.
S. 64/65:
In der Bildmitte unten: Ringschnait, links: Ochsenhausen.
S. 80/81:
Albtrauf. Im Vordergrund: die Erkenbrechtsweiler Halbinsel.
S.116/117:
Steinriegellandschaft im Taubertal.
S. 130/131:
Löwensteiner Berge.